BARÊME

DE L'EMBALLEUR

Par Claudius BRUN.

SE TROUVE
Chez J. BRUN aîné, père et fils, emballeurs,
place Croix-Paquet, 8,

LYON.

IMP. H. STORCK.

BARÊME

DE L'EMBALLEUR

Par CLAUDIUS BRUN.

SE TROUVE

Chez J. BRUN aîné, père et fils, emballeurs,
place Croix-Paquet, 8,

LYON.

IMP. H. STORCK.
1858

Déposé.

(C.)

Imp. et Lit. H. STORCK, rue du Platre. 8, Lyon.

BARÊME DE L'EMBALLEUR

CONTENANT

Le toisé métrique de toutes les dimensions de caisses.

Calculées depuis { Long. 30 cent. / Larg. 6 id. / Haut. 6 id. } jusqu'à { 102 cent. / 102 id. / 102 id. } par 3 cent^{res} dans tous les sens.

Et depuis cette dernière dimension jusqu'à

Long. 200 cent. / Larg. 100 id. / Haut. 100 id. } par 10 cent^{res} dans tous les sens.

Voici la méthode pour procéder à ces calculs pour les personnes qui voudraient se rendre compte à un centimètre près de toutes les dimensions possibles.

Pour mesurer une caisse métriquement.

Multipliez le tour de la caisse, c'est-à-dire 2 fois la largeur et 2 fois la hauteur par la longueur, et vous aurez déjà les 4 *grands côtés* de la caisse.

Pour avoir les 2 petits côtés, ou *têtes*, doublez la largeur, et multipliez le total par la hauteur.

En additionnant les 2 produits, vous aurez le *toisé* de la caisse.

Exemple prit dans le corps de ce Barême.

Dimensions { longueur 160, largeur 70, hauteur 50 }

Calcul : 70 + 70 = 1,40
50 + 50 = 1,00

Tour de la caisse : 2,40 × 160 long. = 3,84,00
Largeur 70 + 70 = 1,40 × 50 haut. = 0,70,00

Toisé de la caisse (voyez cette dimension) mètres 4,54,00

Réduction en pieds (*ancienne mesure*). Multipliez par 9 et vous obtiendrez pour ce toisé 40 pieds 86/100, ou autrement dit 41 pieds. Cette méthode n'admettant presque jamais de fractions.

Nota. — Les barres sont comptées, en moyenne, pour 10 centimètres.

Pour trouver promptement, au moyen de ce Barême, *les dimensions* d'une caisse, cherchez : 1° la Longueur ; 2° la Hauteur ; 3° la Largeur.

EXPLICATION.

Quelques mots suffiront pour mettre à même de se servir de ce barême. Les chiffres sont placés : la première colonne est la longueur des caisses ; la deuxième, la largeur ; la troisième, la hauteur, et les quatrièmes et cinquièmes, le nombre de mètres et centimètres contenus dans la caisse. Pour les caisses plus hautes que larges on prendra la largeur pour la hauteur, ceci ne change rien au toisé de la caisse. Les caisses barrées, chaque barre sera comptée 10 centimètres, quelqu'en soit la grandeur, et sera ajouté.

Long.	Larg.	Haut.	Mèt.	Cent.	Long.	Larg.	Haut.	Mèt.	Cent.	Long.	Larg.	Haut.	Mèt.	Cent.
30	6	6	0	7	30	27	21	0	40	33	15	15	0	24
30	9	6	0	10	30	30	21	0	43	33	18	15	0	27
30	12	6	0	12						33	21	15	0	30
30	15	6	0	14	30	24	24	0	40	33	24	15	0	32
30	18	6	0	16	30	27	24	0	43	33	27	15	0	35
30	21	6	0	18	30	30	24	0	46	33	30	15	0	38
30	24	6	0	20						33	33	15	0	41
30	27	6	0	23	30	27	27	0	46					
30	30	6	0	25	30	30	27	0	50	33	18	18	0	30
										33	21	18	0	33
30	9	9	0	12	30	30	30	0	54	33	24	18	0	36
30	12	9	0	14						33	27	18	0	39
30	15	9	0	17	33	6	6	0	8	33	30	18	0	42
30	18	9	0	19	33	9	6	0	10	33	33	18	0	45
30	21	9	0	21	33	12	6	0	13					
30	24	9	0	24	33	15	6	0	15	33	21	21	0	36
30	27	9	0	26	33	18	6	0	18	33	24	21	0	39
30	30	9	0	28	33	21	6	0	20	33	27	21	0	43
					33	24	6	0	22	33	30	21	0	46
30	12	12	0	17	33	27	6	0	25	33	33	21	0	49
30	15	12	0	19	33	30	6	0	27					
30	18	12	0	22	33	33	6	0	29	33	24	24	0	43
30	21	12	0	24						33	27	24	0	46
30	24	12	0	27	33	9	9	0	13	33	30	24	0	50
30	27	12	0	29	33	12	9	0	16	33	33	24	0	53
30	30	12	0	32	33	15	9	0	18					
					33	18	9	0	21	33	27	27	0	50
30	15	15	0	22	33	21	9	0	23	33	30	27	0	53
30	18	15	0	25	33	24	9	0	26	33	33	27	0	57
30	21	15	0	27	33	27	9	0	28					
30	24	15	0	30	33	30	9	0	31	33	30	30	0	57
30	27	15	0	33	33	33	9	0	33	33	33	30	0	51
30	30	15	0	36										
					33	12	12	0	18	33	33	33	0	65
30	18	18	0	28	33	15	12	0	21					
30	21	18	0	30	33	18	12	0	24	36	6	6	0	9
30	24	18	0	33	33	21	12	0	26	36	9	6	0	11
30	27	18	0	36	33	24	12	0	29	36	12	6	0	14
30	30	18	0	39	33	27	12	0	32	36	15	6	0	16
					33	30	12	0	34	36	18	6	0	19
30	21	21	0	34	33	33	12	0	37	36	21	6	0	21
30	24	21	0	37						36	24	6	0	24

Long.	Larg.	Haut.	Mèt.	Cent.	Long.	Larg.	Haut.	Mèt.	Cent.	Long.	Larg.	Haut.	Mèt.	Cent.
36	27	6	0	27						39	12	9	0	18
36	30	6	0	29	36	21	21	0	39	39	15	9	0	21
36	33	6	0	32	36	24	21	0	42	39	18	9	0	24
36	36	6	0	34	36	27	21	0	45	39	21	9	0	27
					36	30	21	0	49	39	24	9	0	30
36	9	9	0	14	36	33	21	0	52	39	27	9	0	32
36	12	9	0	17	36	36	21	0	56	39	30	9	0	35
36	15	9	0	19						39	33	9	0	38
36	18	9	0	22	36	24	24	0	46	39	36	9	0	41
36	21	9	0	25	36	27	24	0	49	39	39	9	0	44
36	24	9	0	28	36	30	24	0	53					
36	27	9	0	30	36	33	24	0	56	39	12	12	0	21
36	30	9	0	33	36	36	24	0	60	39	15	12	0	24
36	33	9	0	36						39	18	12	0	27
36	36	9	0	38	36	27	27	0	53	39	21	12	0	30
					36	30	27	0	57	39	24	12	0	33
36	12	12	0	21	36	33	27	0	61	39	27	12	0	36
36	15	12	0	23	36	36	27	0	64	39	30	12	0	39
36	18	12	0	25						39	33	12	0	43
36	21	12	0	28	36	30	30	0	61	39	36	12	0	46
36	24	12	0	31	36	33	30	0	65	39	39	12	0	49
36	27	12	0	33	36	36	30	0	69					
36	30	12	0	37						39	15	15	0	27
36	33	12	0	40	36	33	33	0	69	39	18	15	0	31
36	36	12	0	42	36	36	33	0	73	39	21	15	0	34
										39	24	15	0	37
36	15	15	0	26	36	36	36	0	77	39	27	15	0	40
36	18	15	0	29						39	30	15	0	44
36	21	15	0	32	39	6	6	0	10	39	33	15	0	47
36	24	15	0	35	39	9	6	0	12	39	36	15	0	50
36	27	15	0	38	39	12	6	0	15	39	39	15	0	54
36	30	15	0	41	39	15	6	0	18					
36	33	15	0	44	39	18	6	0	20	39	18	18	0	34
36	36	15	0	47	39	21	6	0	23	39	21	18	0	37
					39	24	6	0	26	39	24	18	0	41
36	18	18	0	32	39	27	6	0	28	39	27	18	0	44
36	21	18	0	35	39	30	6	0	31	39	30	18	0	48
36	24	18	0	38	39	33	6	0	34	39	33	18	0	51
36	27	18	0	42	39	36	6	0	37	39	36	18	0	55
36	30	18	0	45	39	39	6	0	41	39	39	18	0	58
36	33	18	0	48										
36	36	18	0	51	39	9	9	0	15	39	21	21	0	41

Long.	Larg.	Haut.	Mèt.	Cent.	Long.	Larg.	Haut.	Mèt.	Cent.	Long.	Larg.	Haut.	Mèt.	Cent.
39	24	21	0	45	42	30	6	0	33	42	18	18	0	36
39	27	21	0	48	42	33	6	0	36	42	21	18	0	39
39	30	21	0	52	42	36	6	0	39	42	24	18	0	43
39	33	21	0	55	42	39	6	0	42	42	27	18	0	47
39	36	21	0	59	42	42	6	0	45	42	30	18	0	51
39	39	21	0	63						42	33	18	0	54
					42	9	9	0	16	42	36	18	0	58
39	24	24	0	48	42	12	9	0	19	42	39	18	0	61
39	27	24	0	52	42	15	9	0	22	42	42	18	0	64
39	30	24	0	56	42	18	9	0	25					
39	33	24	0	60	42	21	9	0	28	42	21	21	0	44
39	36	25	0	64	42	24	9	0	32	42	24	21	0	47
39	39	24	0	67	42	27	9	0	35	42	27	21	0	51
					42	30	9	0	38	42	30	21	0	55
39	27	27	0	56	42	33	9	0	41	42	33	21	0	59
39	30	27	0	60	42	36	9	0	44	42	36	21	0	63
39	33	27	0	64	42	39	9	0	47	42	39	21	0	67
39	36	27	0	68	42	42	9	0	50	42	42	21	0	70
39	39	27	0	72										
					42	12	12	0	23	42	24	24	0	51
39	30	30	0	64	42	15	12	0	26	42	27	24	0	55
39	33	30	0	68	42	18	12	0	29	42	30	24	0	59
39	36	30	0	73	42	21	12	0	32	42	33	24	0	63
39	39	30	0	80	42	24	12	0	36	42	36	24	0	67
					42	27	12	0	39	42	39	24	0	71
39	33	33	0	73	42	30	12	0	42	42	42	24	0	75
39	36	33	0	77	42	33	12	0	45					
39	39	33	0	81	42	36	12	0	49	42	27	27	0	59
					42	39	12	0	52	42	30	27	0	64
39	36	36	0	82	42	42	12	0	55	42	33	27	0	68
39	39	36	0	86						42	36	27	0	72
					42	15	15	0	29	42	39	27	0	76
39	39	39	0	91	42	18	15	0	33	42	42	27	0	80
					42	21	15	0	36					
42	6	6	0	10	42	24	15	0	39	42	30	30	0	68
42	9	6	0	13	42	27	15	0	43	42	33	30	0	73
42	12	6	0	16	42	30	15	0	46	42	36	30	0	77
42	15	6	0	19	42	33	15	0	49	42	39	30	0	81
42	18	6	0	22	42	36	15	0	53	42	42	30	0	85
42	21	6	0	25	42	39	15	0	56					
42	24	6	0	28	42	42	15	0	60	42	33	33	0	77
42	27	6	0	30						42	36	33	0	81

Long.	Larg.	Haut.	Mèt.	Cent.
42	39	33	0	86
42	42	33	0	90
42	36	36	0	86
42	39	36	0	90
42	42	36	0	95
42	39	39	0	95
42	42	39	1	
42	42	42	1	05
45	6	6	0	11
45	9	6	0	14
45	12	6	0	17
45	15	6	0	20
45	18	6	0	22
45	21	6	0	26
45	24	6	0	29
45	27	6	0	33
45	30	6	0	36
45	33	6	0	39
45	36	6	0	42
45	39	6	0	45
45	42	6	0	48
45	45	6	0	51
45	9	9	0	17
45	12	9	0	21
45	15	9	0	24
45	18	9	0	27
45	21	9	0	30
45	24	9	0	34
45	27	9	0	38
45	30	9	0	40
45	33	9	0	43
45	36	9	0	47
45	39	9	0	50
45	42	9	0	53
45	45	9	0	56
45	12	12	0	24

Long.	Larg.	Haut.	Mèt.	Cent.
45	15	12	0	27
45	18	12	0	31
45	21	12	0	35
45	24	12	0	38
45	27	12	0	41
45	30	12	0	45
45	33	12	0	48
45	36	12	0	51
45	39	12	0	55
45	42	12	0	59
45	45	12	0	62
45	15	15	0	31
45	18	15	0	34
45	21	15	0	38
45	24	15	0	42
45	27	15	0	46
45	30	15	0	49
45	33	15	0	53
45	36	15	0	57
45	39	15	0	60
45	42	15	0	64
45	45	15	0	67
45	18	18	0	38
45	21	18	0	42
45	24	18	0	46
45	27	18	0	50
45	30	18	0	54
45	33	18	0	58
45	36	18	0	61
45	39	18	0	65
45	42	18	0	69
45	45	18	0	73
45	21	21	0	46
45	24	21	0	50
45	27	21	0	54
45	30	21	0	58
45	33	21	0	62
45	36	21	0	66
45	39	21	0	70

Long.	Larg.	Haut.	Mèt.	Cent.
45	42	21	0	74
45	45	21	0	78
45	24	24	0	54
45	27	24	0	59
45	30	24	0	63
45	33	24	0	67
45	36	24	0	71
45	39	24	0	75
45	42	24	0	79
45	45	24	0	83
45	27	27	0	63
45	30	27	0	67
45	33	27	0	71
45	36	27	0	76
45	39	27	0	80
45	42	27	0	85
45	45	27	0	89
45	30	30	0	72
45	33	30	0	76
45	36	30	0	81
45	39	30	0	85
45	42	30	0	90
45	45	30	0	94
45	33	33	0	81
45	36	33	0	86
45	39	33	0	90
45	42	33	0	94
45	45	33	0	99
45	36	36	0	90
45	39	36	0	95
45	42	36	1	
45	45	36	1	05
45	39	39	1	
45	42	39	1	05
45	45	39	1	10
45	42	42	1	10

Long.	Larg.	Haut.	Mèt.	Cent.
45	45	42	1	16
45	45	45	1	21
48	6	6	0	12
48	9	6	0	15
48	12	6	0	18
48	15	6	0	21
48	18	6	0	24
48	21	6	0	28
48	24	6	0	31
48	27	6	0	35
48	30	6	0	38
48	33	6	0	41
48	36	6	0	45
48	39	6	0	48
48	42	6	0	51
48	45	6	0	54
48	48	5	0	57
48	9	9	0	18
48	12	9	0	22
48	15	9	0	25
48	18	9	0	29
48	21	9	0	33
48	24	9	0	36
48	27	9	0	39
48	30	9	0	43
48	33	9	0	46
48	36	9	0	49
48	39	9	0	53
48	42	9	0	56
48	45	9	0	59
48	48	9	0	63
48	12	12	0	25
48	15	12	0	28
48	18	12	0	32
48	21	12	0	36
48	24	12	0	40
48	27	12	0	44
48	80	12	0	47

Long.	Larg.	Haut.	Mèt.	Cent.
48	33	12	0	51
48	36	12	0	54
48	39	12	0	58
48	42	12	0	62
48	45	12	0	66
48	48	12	0	69
48	15	15	0	33
48	18	15	0	37
48	21	15	0	41
48	24	15	0	44
48	27	15	0	48
48	30	15	0	51
48	33	15	0	55
48	36	15	0	59
48	39	15	0	63
48	42	15	0	67
48	45	15	0	71
48	48	15	0	75
48	18	18	0	41
48	21	18	0	45
48	24	18	0	49
48	27	18	0	52
48	30	18	0	56
48	33	18	0	60
48	36	18	0	64
48	39	18	0	68
48	42	18	0	72
48	45	18	0	76
48	48	18	0	80
48	21	21	0	49
48	24	21	0	53
48	27	91	0	57
48	30	21	0	61
48	33	21	0	65
48	36	21	0	69
48	39	21	0	73
48	42	21	0	80
48	45	21	0	84
48	48	21	0	87

Long.	Larg.	Haut.	Mèt.	Cent.
48	24	24	0	57
48	27	24	0	61
48	30	24	0	66
48	33	24	0	71
48	36	24	0	75
48	39	24	0	79
48	42	24	0	83
48	45	24	0	87
48	48	24	0	92
48	27	27	0	66
48	30	27	0	71
48	33	27	0	75
48	36	27	0	79
48	39	27	0	84
48	42	27	0	88
48	45	27	0	93
48	48	27	0	97
48	30	30	0	75
48	33	30	0	79
48	36	30	0	84
48	39	30	0	89
48	42	30	0	94
48	45	30	0	99
48	48	30	1	03
48	33	33	0	85
48	36	33	0	90
48	39	33	0	95
48	42	33	0	99
48	45	33	1	04
48	48	33	1	09
48	36	36	0	95
48	39	36	0	99
48	42	36	1	04
48	45	36	1	09
48	48	36	1	15
48	69	39	1	05
48	42	89	1	10

Long.	Larg.	Haut.	Mèt.	Cent.
48	45	39	1	15
48	48	39	1	20
48	42	42	1	15
48	45	42	1	20
48	48	42	1	26
48	45	45	1	26
48	48	45	1	32
48	48	48	1	38
51	6	6	0	12
51	9	6	0	16
51	12	6	0	19
51	15	6	0	22
51	18	6	0	26
51	21	6	0	30
51	24	6	0	33
51	27	6	0	36
51	30	6	0	40
51	33	6	0	43
51	36	6	0	47
51	39	6	0	50
51	42	6	0	53
51	45	6	0	57
51	48	6	0	60
51	51	6	0	64
51	9	9	0	19
51	12	9	0	23
51	15	9	0	27
51	18	9	0	30
51	21	9	0	33
51	24	9	0	37
51	27	9	0	41
51	30	9	0	45
51	33	9	0	48
51	36	9	0	52
51	39	9	0	55
51	42	9	0	59
51	45	9	0	63

Long.	Larg.	Haut.	Mèt.	Cent.
51	48	9	0	66
51	51	9	0	70
51	12	12	0	27
51	15	12	0	31
51	18	12	0	36
51	21	12	0	39
51	24	12	0	41
51	27	12	0	45
51	30	12	0	49
51	33	12	0	53
51	36	12	0	57
51	39	12	0	61
51	42	12	0	65
51	45	12	0	69
51	48	12	0	72
51	51	12	0	76
51	15	15	0	35
51	18	15	0	39
51	21	15	0	43
51	24	15	0	47
51	27	15	0	50
51	30	15	0	54
51	33	15	0	58
51	36	15	0	62
51	39	15	0	66
51	42	15	0	70
51	45	15	0	74
51	48	15	0	78
51	51	15	0	82
51	18	18	0	43
51	21	18	0	47
51	24	18	0	51
51	27	18	0	55
51	30	18	0	59
51	33	18	0	64
51	36	18	0	68
51	39	18	0	72
51	42	18	0	76
51	45	18	0	80

Long.	Larg.	Haut.	Mèt.	Cent.
51	48	18	0	84
51	51	18	0	88
51	21	21	0	52
51	24	21	0	56
51	27	21	0	60
51	30	21	0	64
51	33	21	0	68
51	36	21	0	73
51	39	21	0	77
51	42	21	0	81
51	45	21	0	86
51	48	21	0	89
51	51	21	0	93
51	24	24	0	60
51	27	24	0	65
51	30	24	0	69
51	33	24	0	73
51	36	24	0	78
51	39	24	0	82
51	42	24	0	87
51	45	24	0	91
51	48	24	0	96
51	51	24	1	
51	27	27	0	69
51	30	27	0	74
51	33	27	0	79
51	36	27	0	84
51	39	27	0	88
51	42	27	0	92
51	45	27	0	97
51	48	27	1	02
51	51	27	1	07
51	30	30	0	79
51	33	30	9	84
51	36	30	0	88
51	39	30	0	93
51	42	30	0	98
51	45	30	1	03

Long.	Larg.	Haut.	Mèt.	Cent.	Long.	Larg.	Haut.	Mèt.	Cent.	Long.	Larg.	Haut.	Mèt.	Cent.
51	48	30	1	08	54	18	6	0	27	54	45	12	0	72
51	51	30	1	13	54	21	6	0	31	54	48	12	0	76
					55	24	6	0	35	54	51	12	0	80
51	33	33	0	89	54	27	6	0	38	54	54	12	0	84
51	36	33	0	94	54	30	6	0	42					
51	39	33	0	99	54	33	6	0	46	54	15	15	0	36
51	42	33	1	05	54	36	6	0	49	54	18	15	0	40
51	45	33	1	10	54	39	6	0	53	54	21	15	0	45
51	48	33	1	15	54	42	6	0	56	54	24	15	0	49
51	51	33	1	19	54	45	6	0	60	54	27	15	0	53
					54	48	6	0	64	54	30	15	0	57
51	36	36	0	99	54	51	6	0	68	54	33	15	0	61
51	39	36	1	05	54	54	6	0	71	54	36	15	0	65
51	42	36	1	10						54	39	15	0	70
51	45	36	1	15	54	9	9	0	21	54	42	15	0	74
51	48	36	1	20	54	12	9	0	25	54	45	15	0	79
51	51	36	1	25	54	15	9	0	28	54	48	15	0	83
					54	18	9	0	32	54	51	15	0	87
51	39	39	1	10	54	21	9	0	35	54	54	15	0	90
51	42	39	1	15	54	24	9	0	39					
51	45	39	1	20	54	27	9	0	43	54	18	18	0	45
51	48	39	1	25	54	30	9	0	47	54	21	18	0	49
51	51	39	1	31	54	33	9	0	51	54	24	18	0	53
					54	36	9	0	54	54	27	18	0	58
51	42	42	1	21	54	39	9	0	58	54	30	18	0	62
51	45	42	1	27	54	42	9	0	62	54	33	18	0	66
51	48	42	1	32	54	45	9	0	66	54	36	18	0	71
51	51	42	1	37	54	48	9	0	70	54	39	18	0	75
					54	51	9	0	73	54	42	18	0	80
51	45	45	1	32	54	54	9	0	77	54	45	18	0	84
51	48	45	1	38						54	48	18	0	88
51	51	45	1	43	54	12	12	0	28	54	51	18	0	93
					54	15	12	0	32	54	54	18	0	97
51	48	48	1	44	54	18	12	0	36					
51	51	48	1	50	54	21	12	0	40	54	21	21	0	54
					54	24	12	0	44	54	24	21	0	60
51	51	51	1	56	54	27	12	0	48	54	27	21	0	64
					54	30	12	0	52	54	30	21	0	67
54	6	6	0	13	54	33	12	0	56	54	33	21	0	71
54	9	6	0	17	54	36	12	0	60	54	36	21	0	76
54	12	6	0	20	54	39	12	0	64	54	39	21	0	81
54	15	6	0	24	54	42	12	0	68	54	42	21	0	85

Long.	Larg.	Haut.	Mét.	Cent.	Long.	Larg.	Haut.	Mét.	Cent.	Long.	Larg.	Haut.	Mét.	Cent.
54	45	21	0	90	54	45	33	1	13	57	12	6	0	22
54	48	21	0	94	54	48	33	1	19	57	15	6	0	28
54	51	21	0	99	54	51	33	1	24	57	18	6	0	30
54	54	21	1	03	54	54	33	1	29	57	21	6	0	33
										57	24	6	0	37
54	24	24	0	63	54	36	36	1	03	57	27	6	0	40
54	27	24	0	68	54	39	36	1	08	57	30	6	0	44
54	30	24	0	73	54	42	36	1	14	57	33	6	0	48
54	33	24	0	77	54	45	36	1	19	57	36	6	0	52
54	36	24	0	81	54	48	36	1	25	57	39	6	0	54
54	39	24	0	85	54	51	36	1	30	57	42	6	0	60
54	42	24	0	90	54	54	36	1	36	57	45	6	0	64
54	45	24	0	95						57	48	6	0	68
54	48	24	1		54	39	39	1	14	57	51	6	0	71
54	51	24	1	05	54	42	39	1	19	57	54	6	0	74
54	54	24	1	10	54	45	39	1	25	57	57	6	0	78
					54	48	39	1	31					
54	27	27	0	72	54	51	39	1	36	57	9	9	0	22
54	30	27	0	77	54	54	39	1	42	57	12	9	0	26
54	33	27	0	82						57	15	9	0	30
54	36	27	0	87	54	42	42	1	26	57	18	9	0	34
54	39	27	0	92	54	45	42	1	30	57	21	9	0	38
54	42	27	0	97	54	48	42	1	37	57	24	9	0	42
54	45	27	1	02	54	51	42	1	43	57	27	9	0	46
54	48	27	1	07	54	54	42	1	49	57	30	9	0	49
54	51	27	1	11						57	33	9	0	53
54	54	27	1	16	54	45	45	1	37	57	30	9	0	57
					54	48	45	1	43	57	39	9	0	61
54	30	30	0	82	54	51	45	1	49	57	42	9	0	65
54	33	30	0	87	54	54	45	1	55	57	45	9	0	69
54	36	30	0	92						57	48	9	0	73
54	39	30	0	97	54	48	48	1	49	57	51	9	0	77
54	42	30	1	03	54	51	48	1	55	57	54	9	0	81
54	45	30	1	08	54	54	48	1	62	57	57	9	0	85
54	48	30	1	13										
54	51	30	1	18	54	51	51	1	61	57	12	12	0	30
54	54	30	1	23	54	54	51	1	68	57	15	12	0	34
										57	18	12	0	38
54	33	33	0	93	54	54	54	1	74	57	21	12	0	42
54	36	33	0	98						57	24	12	0	46
54	39	33	1	03	57	6	6	0	14	57	27	12	0	50
54	42	33	1	08	57	9	6	0	18	57	30	12	0	55

Long.	Larg.	Haut.	Mèt.	Cent.
57	33	12	0	59
57	36	12	0	63
57	39	12	0	67
57	42	12	0	71
57	45	12	0	75
57	48	12	0	80
57	51	12	0	84
57	54	12	0	88
57	57	12	0	92
57	15	15	0	38
57	18	15	0	42
57	21	15	0	47
57	24	15	0	51
57	27	15	0	56
57	30	15	0	60
57	33	15	0	64
57	36	15	0	68
57	39	15	0	73
57	42	15	0	77
57	45	15	0	82
57	48	15	0	86
57	51	15	0	90
57	54	15	0	94
57	57	15	0	99
57	18	18	0	47
57	21	18	0	51
57	24	18	0	56
57	27	18	0	60
57	30	18	0	65
57	33	18	0	70
57	36	18	0	75
57	39	18	0	79
57	42	18	0	84
57	45	18	0	88
57	48	18	0	93
57	51	18	0	97
57	54	18	1	01
57	57	18	1	06
57	21	21	0	56

Long.	Larg.	Haut.	Mèt.	Cent.
57	24	21	0	61
57	27	21	0	66
57	30	21	0	70
57	33	21	0	75
57	36	21	0	80
57	39	21	0	84
57	42	21	0	89
57	45	21	0	94
57	48	21	0	99
57	51	21	1	03
57	54	21	1	08
57	57	21	1	12
57	24	24	0	66
57	27	24	0	70
57	30	24	0	75
57	33	24	0	80
57	36	24	0	85
57	39	24	0	90
57	42	24	0	95
57	45	24	1	
57	48	24	1	05
57	51	24	1	10
57	54	24	1	15
57	57	24	1	19
57	27	27	0	76
57	30	27	0	81
57	33	27	0	86
57	36	27	0	91
57	39	27	0	96
57	42	27	1	
57	45	27	1	05
57	48	27	1	10
57	51	27	1	16
57	54	27	1	21
57	57	27	1	26
57	30	30	0	86
57	33	30	0	91
57	36	30	0	96
57	39	30	1	01

Long.	Larg.	Haut.	Mèt.	Cent.
57	42	30	1	07
57	45	30	1	12
57	48	30	1	17
57	51	30	1	22
57	54	20	1	28
57	57	30	1	33
57	33	33	0	97
57	36	33	1	02
57	39	33	1	07
57	42	33	1	12
57	45	33	1	18
57	48	33	1	24
57	51	33	1	29
57	54	33	1	35
57	57	33	1	40
57	36	36	1	08
57	39	36	1	13
57	42	36	1	19
57	45	36	1	25
57	48	36	1	30
57	51	36	1	35
57	54	36	1	41
57	57	36	1	47
57	39	39	1	19
57	42	39	1	25
57	45	39	1	30
57	48	39	1	36
57	51	39	1	42
57	54	39	1	48
57	57	39	1	54
57	42	42	1	31
57	45	42	1	37
57	48	42	1	43
57	51	42	1	48
57	54	42	1	54
57	57	42	1	60
57	45	45	1	43

Long.	Larg.	Haut.	Mèt.	Cent.	Long.	Larg.	Haut.	Mèt.	Cent.	Long.	Larg.	Haut.	Mèt.	Cent.
57	48	45	1	49	60	18	9	0	35	60	39	15	0	76
57	51	45	1	55	60	21	9	0	39	60	42	15	0	81
57	54	45	1	59	60	24	9	0	43	60	45	15	0	86
57	57	45	1	67	60	27	9	0	47	60	48	15	0	90
					60	30	9	0	52	60	51	15	0	95
57	48	48	1	55	60	33	9	0	56	60	54	15	0	99
57	51	48	1	61	60	36	9	0	60	60	57	15	1	03
57	54	48	1	68	60	39	9	0	64	60	60	15	1	08
57	57	48	1	74	60	42	9	0	68					
					60	45	9	0	73	60	18	18	0	49
57	51	51	1	66	60	48	9	0	77	60	21	18	0	54
57	54	51	1	73	60	51	9	0	81	60	24	18	0	59
57	57	51	1	81	60	54	9	0	85	60	27	18	0	64
					60	57	9	0	89	60	30	18	0	68
57	54	54	1	81	60	60	9	0	93	60	33	18	0	73
57	57	54	1	88						60	36	18	0	77
					60	12	12	0	31	60	39	18	0	81
57	57	57	1	94	60	15	12	0	36	60	42	18	0	85
					60	18	12	0	40	60	45	18	0	90
60	6	6	0	15	60	21	12	0	44	60	48	18	0	95
60	9	6	0	19	60	24	12	0	48	60	51	18	1	01
60	12	6	0	23	60	27	12	0	53	60	54	18	1	05
60	15	6	0	27	60	30	12	0	57	60	57	18	1	10
60	18	6	0	31	60	33	12	0	62	60	60	18	1	15
60	21	6	0	35	60	36	12	0	66					
60	24	6	0	39	60	39	12	0	70	60	21	21	0	59
60	27	6	0	42	60	42	12	0	75	60	24	21	0	64
60	30	6	0	46	60	45	12	0	79	60	27	21	0	68
60	33	6	0	50	60	48	12	0	84	60	30	21	0	73
60	36	6	0	54	60	51	12	0	88	60	33	21	0	78
60	39	6	0	58	60	54	12	0	92	60	36	21	0	83
60	42	6	0	62	60	57	12	0	96	60	39	21	0	88
60	45	6	0	66	60	60	12	1		60	42	21	0	93
60	48	6	0	70						60	45	21	0	98
60	51	6	0	74	60	15	15	0	40	60	48	21	1	03
60	54	6	0	78	60	18	15	0	45	60	51	21	1	08
60	57	6	0	82	60	21	15	0	49	60	54	21	1	12
60	60	6	0	86	60	24	15	0	53	60	57	21	1	17
					60	27	15	0	58	60	60	21	1	22
60	9	9	0	23	60	30	15	0	63					
60	12	9	0	27	60	33	15	0	67	60	24	24	0	69
60	15	9	0	31	60	36	15	0	72	60	27	24	0	74

Long.	Larg.	Haut.	Mèt.	Cent.
60	30	24	0	80
60	33	24	0	85
60	36	24	0	90
60	39	24	0	95
60	42	24	1	
60	45	24	1	05
60	48	24	1	10
60	51	24	1	14
60	54	24	1	19
60	57	24	1	25
60	60	24	1	29
60	27	27	0	79
60	30	27	0	84
60	33	27	0	89
60	36	27	0	95
60	39	27	1	
60	42	27	1	05
60	45	27	1	10
60	48	27	1	16
60	51	27	1	21
60	54	27	1	26
60	57	27	1	31
60	60	27	1	36
60	30	30	0	90
60	33	30	0	95
60	36	30	1	
60	39	30	1	05
60	42	30	1	11
60	45	30	1	16
60	48	30	1	22
60	51	30	1	25
60	54	30	1	33
60	57	30	1	39
60	60	30	1	44
60	33	33	1	01
60	36	33	1	06
60	39	33	1	12
60	42	33	1	17
60	45	33	1	23

Long.	Larg.	Haut.	Mèt.	Cent.
60	48	33	1	28
60	51	33	1	33
60	54	33	1	40
60	57	33	1	45
60	60	33	1	51
60	36	36	1	12
60	39	36	1	17
60	42	36	1	23
60	45	36	1	29
60	48	36	1	35
60	51	36	1	40
60	54	36	1	46
60	57	36	1	52
60	60	36	1	58
60	39	39	1	24
60	42	39	1	30
60	45	39	1	36
60	48	39	1	42
60	51	39	1	48
60	54	39	1	53
60	57	39	1	59
60	60	39	1	65
60	42	42	1	36
60	45	42	1	42
60	48	42	1	48
60	51	42	1	54
60	54	42	1	60
60	57	42	1	66
60	60	42	1	72
60	45	45	1	48
60	48	45	1	54
60	51	45	1	61
60	54	45	1	67
60	57	45	1	73
60	60	45	1	80
60	48	48	1	61
60	51	48	1	67

Long.	Larg.	Haut.	Mèt.	Cent.
60	54	48	1	74
60	57	48	1	80
60	60	48	1	87
60	51	51	1	74
60	54	51	1	80
60	57	51	1	87
60	60	51	1	94
60	54	54	1	87
60	57	54	1	94
60	60	54	2	01
60	57	57	2	01
60	60	57	2	08
60	60	60	1	16
63	6	6	0	15
63	9	6	0	19
63	12	6	0	24
63	15	6	0	28
63	18	6	0	32
63	21	6	0	36
63	24	6	0	40
63	27	6	0	44
63	30	6	0	48
63	33	6	0	52
63	36	6	0	56
63	39	6	0	60
63	42	6	0	64
63	45	6	0	68
63	48	6	0	72
63	51	6	0	78
63	54	6	0	82
63	57	6	0	86
63	60	6	0	90
63	63	6	0	94
63	9	9	0	24
63	12	9	0	28
63	15	9	0	32
63	18	9	0	36
63	21	9	0	41

Long.	Larg.	Haut.	Mèt.	Cent.	Long.	Larg.	Haut.	Mèt.	Cent.	Long.	Larg.	Haut.	Mèt.	Cent.
63	24	9	0	45	63	39	15	0	79					
63	27	9	0	49	63	42	15	0	84	63	24	24	0	72
63	30	9	0	54	63	45	15	0	88	63	27	24	0	77
63	33	9	0	58	63	48	15	0	93	63	30	24	0	82
63	36	9	0	63	63	51	15	0	98	63	33	24	0	87
63	39	9	0	67	63	54	15	1	03	63	36	24	0	92
63	42	9	0	71	63	57	15	1	08	63	39	24	0	98
63	45	9	0	75	63	60	15	1	13	63	42	24	1	03
63	48	9	0	79	63	63	15	1	17	63	45	24	1	08
63	51	9	0	84						63	48	24	1	13
63	54	9	0	88	63	18	18	0	51	63	51	24	1	18
63	57	9	0	92	63	21	18	0	56	63	54	24	1	23
63	60	9	0	97	63	24	18	0	61	63	57	24	1	28
63	63	9	1	02	63	27	18	0	66	63	60	24	1	34
					63	30	18	0	71	63	63	24	1	39
63	12	12	0	33	63	33	18	0	76					
63	15	12	0	37	63	36	18	0	81	63	27	27	0	81
63	18	12	0	42	63	39	18	0	86	63	30	27	0	87
63	21	12	0	46	63	42	18	0	90	63	33	27	0	93
63	24	12	0	50	63	45	18	0	95	63	36	27	0	99
63	27	12	0	55	63	48	18	1		63	39	27	1	04
63	30	12	0	60	63	51	18	1	05	63	42	27	1	09
63	33	12	0	64	63	54	18	1	10	63	45	27	1	15
63	36	12	0	68	63	57	18	1	15	63	48	27	1	20
63	39	12	0	73	63	60	18	1	19	63	51	27	1	25
63	42	12	0	77	63	63	18	1	24	63	54	27	1	30
63	45	12	0	82						63	57	27	1	36
63	48	12	0	87	63	21	21	0	61	63	60	27	1	41
63	51	12	0	91	63	24	21	0	66	63	63	27	1	47
63	54	12	0	96	63	27	21	0	71					
63	57	12	1		63	30	21	0	77	63	30	30	0	93
63	60	12	1	05	63	33	21	0	82	63	33	30	0	98
63	63	12	1	09	63	36	21	0	87	63	36	30	1	04
					63	39	21	0	92	63	39	30	1	10
63	15	15	0	42	63	42	21	0	97	63	42	30	1	16
63	18	15	0	46	63	45	21	1	02	63	45	30	1	21
63	21	15	0	51	63	48	21	1	08	63	48	30	1	27
63	24	15	0	56	63	51	21	1	13	63	51	30	1	32
63	27	15	0	61	63	54	21	1	17	63	54	30	1	38
63	30	15	0	66	63	57	21	1	22	63	57	30	1	43
63	33	15	0	70	63	60	21	1	27	63	60	30	1	49
63	36	15	0	75	63	63	21	1	32	63	63	30	1	55

Long.	Larg.	Haut.	Mèt.	Cent.	Long.	Larg.	Haut.	Mèt.	Cent.	Long.	Larg.	Haut.	Mèt.	Cent.
					63	45	45	1	54	66	27	6	0	47
63	33	33	1	04	63	48	45	1	60	66	30	6	0	51
63	36	33	1	10	63	51	45	1	66	66	33	6	0	55
63	39	33	1	15	63	54	45	1	72	66	36	6	0	59
63	42	33	1	22	63	57	45	1	79	66	39	6	0	64
63	45	33	1	28	63	60	45	1	85	66	42	6	0	68
63	48	33	1	33	63	63	45	1	92	66	45	6	0	72
63	51	33	1	39						66	48	6	0	76
63	54	33	1	45	63	48	48	1	67	66	51	6	0	80
63	57	33	1	51	63	51	48	1	73	66	54	6	0	85
63	60	33	1	57	63	54	48	1	80	66	57	6	0	90
63	63	33	1	62	63	57	48	1	87	66	60	6	0	94
					63	60	48	1	93	66	63	6	0	98
63	36	36	1	16	63	63	48	2		66	66	6	1	02
63	39	36	1	22										
63	42	36	1	28	63	51	51	1	80	66	9	9	0	24
63	45	36	1	34	63	54	51	1	87	66	12	9	0	29
63	48	36	1	40	63	57	51	1	94	66	15	9	0	34
63	51	36	1	46	63	60	51	2	01	66	18	9	0	38
63	54	36	1	52	63	63	51	2	08	66	21	9	0	42
63	57	36	1	58						66	24	9	0	46
63	60	36	1	64	63	54	54	1	94	66	27	9	0	51
63	63	36	1	70	63	57	54	2	01	66	30	9	0	56
					63	60	54	2	08	66	33	9	0	60
63	39	39	1	28	63	63	54	2	15	66	36	9	0	65
63	42	39	1	34						66	39	9	0	70
63	45	39	1	40	63	57	57	2	08	66	42	9	0	74
63	48	39	1	46	63	60	57	2	15	66	45	9	0	78
63	51	39	1	53	63	63	57	2	23	66	48	9	0	83
63	54	39	1	59						66	51	9	0	87
63	57	39	1	65	63	60	60	2	23	66	54	9	0	92
63	60	39	1	71	63	63	60	2	30	66	57	9	0	98
63	63	39	1	77						66	60	9	1	
					63	63	63	2	38	66	63	9	1	05
63	42	42	1	41						66	66	9	1	10
63	45	42	1	47	66	6	6	0	16					
63	48	42	1	53	66	9	6	0	20	66	12	12	0	34
63	51	42	1	59	66	12	6	0	24	66	15	12	0	40
63	54	42	1	65	66	15	6	0	28	66	18	12	0	44
63	57	42	1	72	66	18	6	0	33	66	21	12	0	48
63	60	42	1	78	66	21	6	0	38	66	24	12	0	53
63	63	42	1	85	66	24	6	0	42	66	27	12	0	58

Long.	Larg.	Haut.	Mét.	Cent.
66	30	12	0	63
66	33	12	0	67
66	36	12	0	72
66	39	12	0	77
66	42	12	0	8I
66	45	12	0	86
66	48	12	0	90
66	51	12	0	95
66	54	12	1	00
66	57	12	1	05
66	60	12	1	10
66	63	12	1	14
66	66	12	1	18
66	15	15	0	44
66	18	15	0	49
66	21	15	0	54
66	24	15	0	58
66	27	15	0	63
66	30	15	0	68
66	33	15	0	73
66	36	15	0	78
66	39	15	0	83
66	42	15	0	87
66	45	15	0	92
66	48	15	0	97
66	51	15	1	02
66	54	15	I	07
66	57	15	1	12
66	60	15	1	17
66	63	15	1	21
66	66	15	1	26
66	18	18	0	54
66	21	18	0	59
66	24	18	0	64
66	27	18	0	69
66	30	18	0	76
66	33	18	0	79
66	36	18	0	84
66	39	18	0	89
66	42	18	0	94

Long.	Larg.	Haut.	Mét.	Cent.
66	45	18	0	99
66	48	18	1	04
66	51	18	1	09
66	54	18	1	14
66	57	18	1	19
66	60	18	1	24
66	63	18	1	29
66	66	18	1	34
66	21	21	0	64
66	24	21	0	69
66	27	21	0	74
66	30	21	0	79
66	33	21	0	84
66	36	21	0	90
66	39	21	0	95
06	42	21	1	
66	45	21	1	06
66	48	21	1	12
66	51	21	1	18
66	54	21	1	23
66	57	21	1	27
66	60	21	1	32
66	63	21	1	37
66	66	21	1	42
66	24	24	0	74
66	27	24	0	80
66	30	24	0	85
66	33	24	0	91
66	36	24	0	97
66	39	24	1	02
66	42	24	1	07
66	45	24	1	12
66	48	24	1	17
66	51	24	1	23
66	54	24	1	28
66	57	24	1	33
66	60	24	1	39
66	63	24	1	45
66	66	24	1	50

Long.	Larg.	Haut.	Mét.	Cent.
66	27	27	0	85
66	30	27	0	90
66	33	27	0	96
66	36	27	1	02
66	39	27	1	07
66	42	27	1	11
66	45	27	1	16
66	48	27	1	22
66	51	27	1	29
66	54	27	1	36
66	57	27	1	41
66	60	27	1	47
66	63	27	1	52
66	66	27	1	57
66	30	30	0	97
66	33	30	1	02
66	36	30	1	08
66	39	30	1	14
66	42	30	1	19
66	45	30	1	25
66	48	30	1	31
66	51	30	1	37
66	54	30	1	43
66	57	30	1	49
66	60	30	1	55
66	63	30	1	60
66	66	30	I	66
66	33	33	1	09
66	36	33	1	14
66	39	33	1	20
66	42	33	1	26
66	45	33	1	32
66	48	33	1	38
66	51	33	1	44
66	54	33	1	50
66	57	33	1	56
66	60	33	1	62
66	63	33	1	68
66	66	33	1	74

Long.	Larg.	Haut.	Mèt.	Cent.	Long.	Larg.	Haut.	Mèt.	Cent.	Long.	Larg.	Haut.	Mèt.	Cent.
66	36	36	1	21	66	48	48	1	74	69	27	6	0	49
66	39	36	1	27	66	51	48	1	80	69	30	6	0	54
66	42	36	1	33	66	54	48	1	86	69	33	6	0	59
66	45	36	1	39	66	57	48	1	93	69	36	6	0	63
66	48	36	1	45	66	60	48	2		69	39	6	0	67
66	51	36	1	51	66	63	48	2	06	69	42	6	0	71
66	54	36	1	57	66	66	48	2	13	69	45	6	0	75
66	57	36	1	63						69	48	6	0	80
66	60	36	1	70	66	51	51	1	86	69	51	6	0	85
66	63	36	I	76	66	54	51	I	92	69	54	6	0	89
66	66	36	1	82	66	57	51	1	99	69	57	6	0	94
					66	60	51	2	07	69	60	6	0	99
66	39	39	1	33	66	63	51	2	14	69	63	6	1	05
66	42	39	1	37	66	66	51	2	21	69	66	6	1	10
66	45	39	1	40						69	69	6	1	15
66	48	39	1	44	66	54	54	2						
66	51	39	1	50	66	57	54	2	07	69	9	9	0	25
66	54	39	1	56	66	60	54	2	15	69	12	9	0	30
66	57	39	1	61	66	63	54	2	22	69	15	9	0	35
66	60	39	1	77	66	66	54	2	29	69	18	9	0	39
66	63	39	1	83						69	21	9	0	44
66	66	39	1	90	66	57	57	2	15	69	24	9	0	49
					66	60	57	2	22	69	27	9	0	54
66	42	42	1	46	66	63	57	2	29	69	30	9	0	59
66	45	42	1	52	66	66	57	2	37	69	33	9	0	64
66	48	42	1	58						69	36	9	0	69
66	51	42	1	65	66	60	60	2	30	69	39	9	0	74
66	54	42	1	72	66	63	60	2	37	69	42	9	0	78
66	57	42	1	78	66	66	60	2	45	69	45	9	0	82
66	60	42	1	85						69	48	9	0	86
66	63	42	1	91	66	63	63	2	45	69	51	9	0	90
66	66	42	1	98	66	66	63	2	53	69	54	9	0	95
										69	57	9	1	
66	45	45	1	59	66	66	66	2	61	69	60	9	1	05
66	48	45	1	66						69	63	9	1	10
66	51	45	1	73	69	6	6	0	17	69	66	9	1	15
66	54	45	1	79	69	9	6	0	21	69	69	9	1	20
66	57	45	1	85	69	12	6	0	25					
66	60	45	1	92	69	15	6	0	30	69	12	12	0	35
66	63	45	1	98	69	18	6	0	35	69	15	12	0	40
66	66	45	2	05	69	21	6	0	40	69	18	12	0	45
					69	24	6	0	44	69	21	12	0	50

Long.	Larg.	Haut.	Mét.	Cent.	Long.	Larg.	Haut.	Mét.	Cent.	Long.	Larg.	Haut.	Mét.	Cent.
69	24	12	0	55	69	33	18	0	82	69	54	24	1	33
69	27	12	0	60	69	36	18	0	87	69	57	24	1	38
69	30	12	0	65	69	39	18	0	92	69	60	24	1	44
69	33	12	0	70	69	42	18	0	97	69	63	24	1	50
69	36	12	0	75	69	45	18	1	03	69	66	24	1	55
69	39	12	0	80	69	48	18	1	08	69	69	24	1	61
69	42	12	0	84	69	51	18	1	13					
69	45	12	0	89	69	54	18	1	18	69	27	27	0	89
69	48	12	0	94	69	57	18	1	23	69	30	27	0	95
69	51	12	0	99	69	60	18	1	28	69	33	27	1	
69	54	12	1	04	69	63	18	1	34	69	36	27	1	06
69	57	12	1	09	69	66	18	1	39	69	39	27	1	12
69	60	12	1	13	69	69	18	1	44	69	42	27	1	17
69	63	12	1	18						69	45	27	1	23
69	66	12	1	23	69	21	21	0	66	69	48	27	1	28
69	69	12	1	28	69	24	21	0	72	69	51	27	1	34
					69	27	21	0	77	69	54	27	1	40
69	15	15	0	46	69	30	21	0	83	69	57	27	1	46
69	18	15	0	51	69	33	21	0	88	69	60	27	1	52
69	21	15	0	56	69	36	21	0	92	69	63	27	1	58
69	24	15	0	61	69	39	21	0	96	69	66	27	1	63
69	27	15	0	67	69	42	21	1	02	69	69	27	1	69
69	30	15	0	71	69	45	21	1	08					
69	33	15	0	76	69	48	21	1	15	69	30	30	1	
69	36	15	0	81	69	51	21	1	20	69	33	30	1	06
69	39	15	0	86	69	54	21	1	25	69	36	30	1	12
69	42	15	0	91	69	57	21	1	31	69	39	30	1	18
69	45	15	0	96	69	60	21	1	36	69	42	30	1	24
69	48	15	1	01	69	63	21	1	42	69	45	30	1	30
69	51	15	1	06	69	66	21	1	47	69	48	30	1	36
69	54	15	1	11	69	69	21	1	53	69	51	30	1	42
69	57	15	1	16						69	54	30	1	48
69	60	15	1	21	69	24	24	0	77	69	57	30	1	54
69	63	15	1	26	69	27	24	0	82	69	60	30	1	60
69	66	15	1	31	69	30	24	0	88	69	63	30	1	66
69	69	15	1	36	69	33	24	0	94	69	66	30	1	72
					69	36	24	1		69	69	30	1	78
69	18	18	0	56	69	39	24	1	06					
69	21	18	0	62	69	42	24	1	12	69	33	33	1	12
69	24	18	0	67	69	45	24	1	17	69	36	33	1	18
69	27	18	0	73	69	48	24	1	23	69	39	33	1	24
69	30	18	0	78	69	51	24	1	28	69	42	33	1	30

Long.	Larg.	Haut.	Mèt.	Cent.	Long.	Larg.	Haut.	Mèt.	Cent.	Long.	Larg.	Haut.	Mèt.	Cent.
69	45	33	1	37	69	63	42	1	97	69	69	57	2	52
69	48	33	1	43	69	66	42	2	04					
69	51	33	1	49	69	69	42	2	11	69	60	60	2	37
69	54	33	1	55						69	63	60	2	44
69	57	33	1	61	69	45	45	1	64	69	66	60	2	52
69	60	33	1	67	69	48	45	1	71	69	69	60	2	60
69	63	33	1	73	69	51	45	1	78					
69	66	33	1	79	69	54	45	1	85	69	63	63	2	53
69	69	33	1	86	69	57	45	1	92	69	66	63	2	61
					69	60	45	1	98	69	69	63	2	69
69	36	36	1	25	69	63	45	2	05					
69	39	36	1	31	69	66	45	2	12	69	66	66	2	69
69	42	36	1	37	69	69	45	2	19	69	69	66	2	77
69	45	36	1	44										
69	48	36	1	50	69	48	48	1	78	69	69	69	2	85
69	51	36	1	56	69	51	48	1	85					
69	54	36	1	63	69	54	48	1	92	72	6	6	0	18
69	57	36	1	69	69	57	48	1	99	72	9	6	0	22
69	60	36	1	76	69	60	48	2	06	72	12	6	0	27
69	63	36	1	82	69	63	48	2	13	72	15	6	0	32
69	66	36	1	88	69	66	48	2	20	72	18	6	0	37
69	69	36	1	94	69	69	48	2	27	72	21	6	0	41
										72	24	6	0	46
69	39	39	1	38	69	51	51	1	92	72	27	6	0	50
69	42	39	1	44	69	54	51	2		72	30	6	0	55
69	45	39	1	50	69	57	51	2	07	72	33	6	0	60
69	48	39	1	57	69	60	51	2	14	72	36	6	0	65
69	51	39	1	64	69	63	51	2	21	72	39	6	0	70
69	54	59	1	70	69	66	51	2	28	72	42	6	0	74
69	57	39	1	76	69	69	51	2	36	72	45	6	0	78
69	60	39	1	83						72	48	6	0	83
69	63	39	1	89	69	54	54	2	07	72	51	6	0	88
69	66	39	1	96	69	57	54	2	14	72	54	6	0	92
69	69	39	2	02	69	60	54	2	22	72	57	6	0	97
					69	63	54	2	30	72	60	6	1	02
69	42	42	1	51	69	66	54	2	37	72	63	6	1	07
69	45	42	1	57	69	69	54	2	44	72	66	6	1	11
69	48	42	1	64						72	69	6	1	15
69	51	42	1	71	69	57	57	2	22	72	72	6	1	19
69	54	42	1	77	69	60	57	2	30					
69	57	42	1	84	69	63	57	2	37	72	9	9	0	27
69	60	42	1	91	69	66	57	2	44	72	12	9	0	32

Long.	Larg.	Haut.	Mèt.	Cent.
72	15	9	0	37
72	18	9	0	42
72	21	9	0	47
72	24	9	0	51
72	27	9	0	56
72	30	9	0	61
72	33	9	0	66
72	36	9	0	71
72	39	9	0	76
72	42	9	0	80
72	45	9	0	85
72	48	9	0	90
72	51	9	0	95
72	54	9	1	
72	57	9	1	05
72	60	9	1	10
72	63	9	1	15
72	66	9	1	19
72	69	9	1	24
72	72	9	1	29
72	12	12	0	37
72	15	12	0	42
72	18	12	0	47
72	21	12	0	52
72	24	12	0	57
72	27	12	0	62
72	30	12	0	67
72	33	12	0	72
72	36	12	0	77
72	39	12	0	82
72	42	12	0	87
72	45	12	0	92
72	48	12	0	97
72	51	12	1	02
72	54	12	1	07
72	57	12	1	12
72	60	12	1	17
72	63	11	1	23
72	66	12	1	28
72	69	12	1	33
72	72	12	1	38

Long.	Larg.	Haut.	Mèt.	Cent.
72	15	15	0	47
72	18	15	0	52
72	21	15	0	57
72	24	15	0	62
72	27	15	0	68
72	30	15	0	74
72	33	15	0	79
72	36	15	0	84
72	39	15	0	89
72	42	15	0	94
72	45	15	1	
72	48	15	1	05
72	51	15	1	10
72	54	15	1	15
72	57	15	1	20
72	60	15	1	25
72	63	15	1	30
72	66	15	1	36
72	69	15	1	41
72	72	15	1	47
72	18	18	0	57
72	21	18	0	62
72	24	18	0	68
72	27	18	0	74
72	30	18	0	80
72	33	18	0	85
72	36	18	0	90
72	39	18	0	96
72	42	18	1	01
72	45	18	1	06
72	48	18	1	12
72	51	18	1	17
72	54	18	1	22
72	57	18	1	28
72	60	18	1	34
72	63	18	1	38
72	66	18	1	44
72	69	18	1	50
72	72	18	1	55

Long.	Larg.	Haut.	Mèt.	Cent.
72	21	21	0	69
72	24	21	0	75
72	27	21	0	80
72	30	21	0	86
72	33	21	0	91
72	36	21	0	97
72	39	21	1	02
72	42	21	1	07
72	45	21	1	13
72	48	21	1	19
72	51	21	1	25
72	54	21	1	31
72	57	21	1	36
72	60	21	1	41
72	63	21	1	47
72	66	21	1	52
72	69	21	1	58
72	72	21	1	64
72	24	24	0	80
72	27	24	0	86
72	30	24	0	92
72	33	24	0	98
72	36	24	1	04
72	39	24	1	10
72	42	24	1	15
72	45	24	1	21
72	48	24	1	27
72	51	24	1	32
72	54	24	1	38
72	57	24	1	44
72	60	24	1	50
72	63	24	1	56
72	66	24	1	61
72	69	24	1	66
72	72	24	1	72
72	27	27	0	92
72	30	27	0	98
72	33	27	1	04
72	36	27	1	10
72	39	27	1	16

Long.	Larg.	Haut.	Mèt.	Cent.	Long.	Larg.	Haut.	Mèt.	Cent.	Long.	Larg.	Haut.	Mèt.	Cent.
72	42	27	1	22						72	51	45	1	83
72	45	27	1	28	72	36	36	1	29	72	54	45	1	91
72	48	27	1	33	72	39	36	1	36	72	57	45	1	98
72	51	27	1	39	72	42	36	1	42	72	60	45	2	06
72	54	27	1	45	72	45	36	1	49	72	63	45	2	12
72	57	27	1	51	72	48	36	1	55	72	66	45	2	19
72	60	27	1	57	72	51	36	1	61	72	69	45	2	26
72	63	27	1	63	72	54	36	1	68	72	72	45	2	33
72	66	27	1	69	72	57	36	1	74					
72	69	27	1	75	72	60	36	1	81	72	48	48	1	83
72	72	27	1	81	72	63	36	1	88	72	51	48	1	91
					72	66	36	1	95	72	54	48	1	98
72	30	30	1	04	72	69	36	2	01	72	57	48	2	06
72	33	30	1	10	72	72	36	2	07	72	60	48	2	13
72	36	30	1	16						72	63	48	2	20
72	39	30	1	22	72	39	39	1	42	72	66	48	2	27
72	42	30	1	28	72	42	39	1	49	72	69	48	2	34
72	45	30	1	34	72	45	39	1	56	72	72	48	2	42
72	48	30	1	40	72	48	39	1	62					
72	51	30	1	46	72	51	39	1	69	72	51	51	1	99
72	54	30	1	53	72	54	39	1	76	72	54	51	2	06
72	57	30	1	59	72	57	39	1	82	72	57	51	2	13
72	60	30	1	65	72	60	39	1	88	72	60	51	2	21
72	63	30	1	71	72	63	39	1	95	72	63	51	2	28
72	66	30	1	77	72	66	39	2	02	72	66	51	2	35
72	69	30	1	84	72	69	39	2	09	72	69	51	2	42
72	72	30	1	90	72	72	39	2	16	72	72	51	2	50
72	33	33	1	16	72	42	42	1	56	72	54	54	2	13
72	36	33	1	23	72	45	42	1	62	72	57	54	2	20
72	39	33	1	29	72	48	42	1	69	72	60	54	2	28
72	42	33	1	35	72	51	42	1	76	72	63	54	2	36
72	45	33	1	42	72	54	42	1	83	72	66	54	2	43
72	48	33	1	48	72	57	42	1	90	72	69	54	2	51
72	51	33	1	55	72	60	42	1	97	72	72	54	2	59
72	54	33	1	61	72	63	42	2	03					
72	57	33	1	67	72	66	42	2	09	72	57	57	2	28
72	60	33	1	73	72	69	42	2	15	72	60	57	2	36
72	63	33	1	79	72	72	42	2	20	72	63	57	2	44
72	66	33	1	85						72	66	57	2	52
72	69	33	1	91	72	45	45	1	69	72	69	57	2	60
72	72	33	1	98	72	48	45	1	76	72	72	57	2	67

Long.	Larg.	Haut.	Mèt.	Cent.
72	60	60	2	44
72	63	60	2	52
72	66	60	2	60
72	69	60	2	68
72	72	60	2	76
72	63	63	2	60
72	66	63	2	68
72	69	63	2	76
72	72	63	2	85
72	66	66	2	76
72	69	66	2	84
72	72	66	2	93
72	69	69	2	93
72	72	69	3	02
72	72	72	3	11
75	6	6	0	18
75	9	6	0	23
75	12	6	0	28
75	15	6	0	33
75	18	6	0	38
75	21	6	0	42
75	24	6	0	47
75	27	6	0	52
75	30	6	0	57
75	33	6	0	62
75	36	6	0	67
75	39	6	0	72
75	42	6	0	77
75	45	6	0	82
75	48	6	0	87
75	51	6	0	91
75	54	6	0	96
75	57	6	1	00
75	60	6	1	06
75	63	6	1	11
75	66	6	1	16

Long.	Larg.	Haut.	Mèt.	Cent.
75	69	6	1	21
75	72	6	1	25
75	75	6	1	30
75	9	9	0	28
75	12	9	0	33
75	15	9	0	38
75	18	9	0	43
75	21	9	0	48
75	24	9	0	53
75	27	9	0	58
75	30	9	0	64
75	33	9	0	69
75	36	9	0	74
75	39	9	0	79
75	42	9	0	84
75	45	9	0	89
75	48	9	0	94
75	51	9	0	99
75	54	9	1	04
75	57	9	1	09
75	60	9	1	14
75	63	9	1	19
75	66	9	1	24
75	69	9	1	29
75	72	9	1	34
75	75	9	1	39
75	12	12	0	38
75	15	12	0	43
75	18	12	0	48
75	21	12	0	54
75	24	12	0	60
75	27	12	0	65
75	30	12	0	70
75	33	12	0	75
75	36	12	0	80
75	39	12	0	85
75	42	12	0	90
75	45	12	0	96
75	48	12	1	01
75	51	12	1	06

Long.	Larg.	Haut.	Mèt.	Cent.
75	54	12	1	11
75	57	12	1	16
75	60	12	1	22
75	63	12	1	27
75	66	12	1	33
75	69	12	1	38
75	72	12	1	43
75	75	12	1	48
75	15	15	0	48
75	18	15	0	54
75	21	15	0	60
75	24	15	0	65
75	27	15	0	70
75	30	15	0	76
75	33	15	0	82
75	36	15	0	88
75	39	15	0	93
75	42	15	0	98
75	45	15	1	03
75	48	15	1	08
75	51	15	1	14
75	54	15	1	19
75	57	15	1	25
75	60	15	1	30
75	63	15	1	35
75	66	15	1	40
75	69	15	1	46
75	72	15	1	51
75	75	15	1	57
75	18	18	0	60
75	21	18	0	65
75	24	18	0	71
75	27	18	0	76
75	30	18	0	82
75	33	18	0	88
75	36	18	0	94
75	39	18	1	00
75	42	18	1	05
75	45	18	1	10
75	48	18	1	16

Long.	Larg.	Haut.	Mèt.	Cent.	Long.	Larg.	Haut.	Mèt.	Cent.	Long.	Larg.	Haut.	Mèt.	Cent.
75	51	18	1	21	75	60	24	1	54	75	33	33	1	21
75	54	18	1	27	75	63	24	1	60	75	36	33	1	27
75	57	18	1	33	75	66	24	1	66	75	39	33	1	33
75	60	18	1	38	75	69	24	1	72	75	42	33	1	39
75	63	18	1	43	75	72	24	1	78	75	45	33	1	46
75	66	18	1	49	75	75	24	1	84	75	48	33	1	52
75	69	18	1	54						75	51	33	1	58
75	72	18	1	60	75	27	27	0	95	75	54	33	1	65
75	75	18	1	66	75	30	27	1	01	75	57	33	1	72
					75	33	27	1	07	75	60	33	1	79
75	21	21	0	71	75	36	27	I	14	75	63	33	1	85
75	24	21	0	77	75	39	27	1	20	75	66	33	1	91
75	27	21	0	83	75	42	27	1	26	75	69	33	1	97
75	30	21	0	89	75	45	27	1	32	75	72	33	2	04
75	33	21	0	95	75	48	27	1	38	75	75	33	2	11
75	36	21	1	00	75	51	27	1	44					
75	39	21	1	06	75	54	27	1	50	75	36	36	1	33
75	42	21	1	12	75	57	27	I	56	75	39	36	1	39
75	45	21	1	18	75	60	27	1	62	75	42	36	1	46
75	48	21	1	24	75	63	27	1	68	75	45	36	1	53
75	51	21	1	30	75	66	27	1	75	75	48	36	1	60
75	54	21	1	35	75	69	27	1	81	75	51	36	1	67
75	57	21	1	41	75	72	27	1	87	75	54	36	1	74
75	60	21	1	47	75	75	27	1	93	75	57	36	1	81
75	63	21	1	53						75	60	36	1	87
75	66	21	I	58	75	30	30	1	07	75	63	36	1	94
75	69	21	1	64	75	33	30	1	14	75	66	36	2	
75	72	21	1	70	75	36	30	1	21	75	69	36	2	07
75	75	21	1	75	75	39	30	1	27	75	72	36	2	14
					75	42	30	1	33	75	75	36	2	20
75	24	24	0	83	75	45	30	1	39					
75	27	24	0	89	75	48	30	1	45	75	39	36	1	47
75	30	24	0	95	75	51	30	1	51	75	42	36	1	54
75	33	24	1	01	75	54	30	1	58	75	45	36	1	61
75	36	24	1	07	75	57	30	1	64	75	48	36	1	68
75	39	24	1	13	75	60	30	1	70	76	51	36	1	75
75	42	34	1	19	75	63	30	1	76	75	54	36	I	82
75	45	24	1	25	75	66	30	1	83	75	57	36	I	88
75	48	24	1	31	75	69	30	1	89	75	60	36	1	95
75	51	24	1	37	75	72	30	1	95	75	63	36	2	02
75	54	24	1	43	75	75	30	2	02	75	66	36	2	09
75	57	24	1	49						75	69	36	2	16

Long.	Larg.	Haut.	Mèt.	Cent.
75	72	39	2	22
75	75	39	2	29
75	42	42	1	61
75	45	42	1	68
75	48	42	1	75
75	51	42	1	82
75	54	42	1	89
75	57	42	1	96
75	60	42	2	03
75	63	42	2	10
75	66	42	2	17
75	69	42	2	24
75	72	42	2	31
75	75	42	2	38
75	45	45	1	75
75	48	45	1	82
75	51	45	1	89
75	54	45	1	97
75	57	45	2	04
75	60	45	2	11
75	63	45	2	18
75	66	45	2	25
75	69	45	2	32
75	72	45	2	40
75	75	45	2	47
75	48	48	1	89
75	51	48	1	97
75	54	48	2	05
75	57	48	2	13
75	60	48	2	20
75	63	48	2	27
75	66	48	2	35
75	69	48	2	42
75	72	48	2	49
75	75	48	2	56
75	51	51	2	05
75	54	51	2	13
75	57	51	2	20

Long.	Larg.	Haut.	Mèt.	Cent.
75	60	51	2	27
75	63	51	2	35
75	66	51	2	42
75	69	51	2	50
75	72	51	2	57
75	75	51	2	65
75	54	54	2	20
75	57	54	2	28
75	60	54	2	36
75	63	54	2	44
75	66	54	2	51
75	69	54	2	58
75	72	54	2	66
75	75	54	2	74
75	57	57	2	36
75	60	57	2	44
75	63	57	2	52
75	66	57	2	59
75	69	57	2	67
75	72	57	2	75
75	75	57	2	83
75	60	60	2	52
75	63	60	2	60
75	66	60	2	68
75	69	60	2	76
75	72	60	2	84
75	75	60	2	92
75	63	63	2	68
75	66	63	2	76
75	69	63	2	84
75	72	63	2	92
75	75	63	3	01
75	66	66	2	84
75	69	66	2	92
75	72	66	3	01
75	75	66	3	10

Long.	Larg.	Haut.	Mèt.	Cent.
75	69	69	3	01
75	72	69	3	10
75	75	69	3	19
75	72	72	3	19
75	75	72	3	28
75	75	75	3	37
78	6	6	0	19
78	9	6	0	24
78	12	6	0	29
78	15	6	0	34
78	18	6	0	39
78	21	6	0	44
78	24	6	0	49
78	27	6	0	54
78	30	6	0	59
78	33	6	0	64
78	36	6	0	69
78	39	6	0	74
78	42	6	0	80
78	45	6	0	85
78	48	6	0	90
78	51	6	0	95
78	54	6	1	
78	57	6	1	05
78	60	6	1	10
78	63	6	1	15
78	66	6	1	20
78	69	6	1	25
78	72	6	1	30
78	75	6	1	35
78	78	6	1	40
78	9	9	0	29
78	12	9	0	35
78	15	9	0	40
78	18	9	0	45
78	21	9	0	50
78	24	9	0	55
78	27	9	0	60

Long.	Larg.	Haut.	Mét.	Cent.
78	30	9	0	65
78	33	9	0	70
78	36	9	0	76
78	39	9	0	81
78	42	9	0	86
78	45	9	0	91
78	48	9	0	97
78	51	9	1	02
78	54	9	1	07
78	57	9	1	12
78	60	9	1	17
78	63	9	1	22
78	66	9	1	28
78	69	9	1	33
78	72	9	1	38
78	75	9	1	43
78	78	9	1	49
78	12	12	0	40
78	15	12	0	45
78	18	12	0	50
78	21	12	0	56
78	24	12	0	62
78	27	12	0	67
78	30	12	0	72
78	33	12	0	77
78	36	12	0	83
78	39	12	0	88
78	42	12	0	93
78	45	12	1	99
78	48	12	1	05
78	51	12	1	10
78	54	12	1	15
78	57	12	1	20
78	60	12	1	26
78	63	12	1	31
78	66	12	1	37
78	69	12	1	42
78	72	12	1	47
78	75	12	1	53
78	78	12	1	59

Long.	Larg.	Haut.	Mét.	Cent.
78	15	15	0	50
78	18	15	0	56
78	21	15	0	62
78	24	15	0	67
78	27	15	0	73
78	30	15	0	79
78	33	15	0	85
78	36	15	0	91
78	39	15	0	96
78	42	15	1	01
78	45	15	1	07
78	48	15	1	13
78	51	15	1	19
78	54	15	1	25
78	57	15	1	30
78	60	15	1	35
78	63	15	1	40
78	66	15	1	46
78	69	15	1	51
78	72	15	1	57
78	75	15	1	62
78	78	15	1	68
78	18	18	0	62
78	21	18	0	67
78	24	18	0	73
78	27	18	0	79
78	30	18	0	85
78	33	18	0	90
78	36	18	0	96
78	39	18	1	02
78	42	18	1	08
78	45	18	1	14
78	48	18	1	20
78	51	18	1	26
78	54	18	1	32
78	57	18	1	37
78	60	18	1	43
78	63	18	1	49
78	66	18	1	55
78	69	18	1	61
78	72	18	1	67

Long.	Larg.	Haut.	Mét.	Cent.
78	75	18	1	72
78	78	18	1	77
78	21	21	0	73
78	24	21	0	82
78	27	21	0	87
78	30	21	0	92
78	33	21	0	97
78	36	21	1	02
78	39	21	1	08
78	42	21	1	15
78	45	21	1	21
78	48	21	1	27
78	51	21	1	33
78	54	21	1	39
78	57	21	1	45
78	60	21	1	51
78	63	21	1	57
78	66	21	1	63
78	69	21	1	69
78	72	21	1	75
78	75	21	1	81
78	78	21	1	87
78	24	24	0	87
78	27	24	0	92
78	30	24	0	98
78	33	24	1	04
78	36	24	1	10
78	39	24	1	16
78	42	24	1	22
78	45	24	1	28
78	48	24	1	34
78	51	24	1	41
78	54	24	1	47
78	57	24	1	53
78	60	24	1	59
78	63	24	1	66
78	66	24	[illegible]	72
78	69	24	[illegible]	78
78	72	24	[illegible]	84
78	75	24	[illegible]	90

Long.	Larg.	Haut.	Mèt.	Cent.
78	78	24	1	96
78	27	27	0	98
78	30	27	1	04
78	33	27	1	10
78	36	27	1	17
78	39	27	1	23
78	42	27	1	29
78	45	27	1	36
78	48	27	1	42
78	51	27	1	49
78	54	27	1	55
78	57	27	1	61
78	60	27	1	67
78	63	27	1	73
78	66	27	1	80
78	69	27	1	86
78	72	27	1	92
78	75	27	1	98
78	78	27	2	06
78	30	30	1	11
78	33	30	1	17
78	36	30	1	23
78	39	30	1	30
78	42	30	1	37
78	45	30	1	44
78	48	30	1	50
78	51	30	1	56
78	54	30	1	63
78	57	30	1	70
78	60	30	1	76
78	63	30	1	81
78	66	30	1	89
78	69	30	1	96
78	72	30	2	03
78	75	30	2	09
78	78	30	2	15
78	33	33	1	23
78	36	33	1	29
78	39	33	1	36

Long.	Larg.	Haut.	Mèt.	Cent.
78	42	33	1	43
78	45	33	1	50
78	48	33	1	57
78	51	33	1	64
78	54	33	1	70
78	57	33	1	77
78	60	33	1	84
78	63	33	1	91
78	66	33	1	98
78	69	33	2	05
78	72	33	2	11
78	75	33	2	17
78	78	33	2	24
78	36	36	1	36
78	39	36	1	43
78	42	36	1	49
78	45	36	1	57
78	48	36	1	65
78	51	36	1	74
78	54	36	1	81
78	57	36	1	88
78	60	36	1	94
78	63	36	2	
78	66	36	2	06
78	69	36	2	13
78	72	36	2	20
78	75	36	2	27
78	78	36	2	34
78	39	39	1	49
78	42	39	1	57
78	45	39	1	65
78	48	39	1	72
78	51	39	1	80
78	54	39	1	87
78	57	39	1	94
78	60	39	2	01
78	63	39	2	07
78	66	39	2	15
78	69	39	2	22
78	72	39	2	28
78	75	39	2	35

Long.	Larg.	Haut.	Mèt.	Cent.
78	78	39	2	43
78	42	42	1	65
78	45	42	1	72
78	48	42	1	80
78	51	42	1	88
78	54	42	1	95
78	57	42	2	02
78	60	42	2	09
78	63	42	2	16
78	66	42	2	23
78	69	42	2	31
78	72	42	2	38
78	75	42	2	45
78	78	42	2	52
78	45	45	1	80
78	48	45	1	87
78	51	45	1	95
78	54	45	2	03
78	57	45	2	10
78	60	45	2	17
78	63	45	2	25
78	66	45	2	32
78	69	45	2	39
78	72	45	2	47
78	75	45	2	54
78	78	45	2	62
78	48	48	1	95
78	51	48	2	03
78	54	48	2	11
78	57	48	2	19
78	60	48	2	27
78	63	48	2	34
78	66	48	2	41
78	69	48	2	48
78	72	48	2	55
78	75	48	2	63
78	78	48	2	71
78	51	51	2	11
78	54	51	2	18

Long.	Larg.	Haut.	Mét.	Cent.
78	57	51	2	26
78	60	51	2	34
78	63	51	2	41
78	66	51	2	49
78	69	51	2	57
78	72	51	2	62
78	75	51	2	71
78	78	51	2	80
78	54	54	2	26
78	57	54	2	34
78	60	54	2	42
78	63	54	2	50
78	66	54	2	58
78	69	54	2	66
78	72	54	2	74
78	75	54	2	82
78	78	54	2	90
78	57	57	2	42
78	60	57	2	50
78	63	57	2	58
78	66	57	2	67
78	69	57	2	76
78	72	57	2	83
78	75	57	2	91
78	78	57	2	99
78	60	60	2	58
78	63	60	2	67
78	66	60	2	76
78	69	60	2	84
78	72	60	2	92
78	75	60	3	00
78	78	60	3	08
78	63	63	2	76
78	66	63	2	84
78	69	63	2	92
78	72	63	3	01
78	75	63	3	09
78	78	63	3	18

Long.	Larg.	Haut.	Mét.	Cent.
78	66	66	2	92
78	69	66	3	00
73	72	66	3	09
78	75	66	3	18
78	78	66	3	27
78	69	69	3	09
78	72	69	3	18
78	75	69	3	28
78	78	69	3	37
78	72	72	3	28
78	75	72	3	37
78	78	72	3	46
78	75	75	3	46
78	78	75	3	55
78	78	78	3	65
81	6	6	0	20
81	9	6	0	25
81	12	6	0	30
81	15	6	0	35
81	18	6	0	40
81	21	6	0	45
81	24	6	0	50
81	27	6	0	56
81	30	6	0	62
81	33	6	0	67
81	36	6	0	72
81	39	6	0	77
31	42	6	0	82
81	45	6	0	87
81	48	6	0	92
81	51	6	0	97
81	54	6	1	03
81	57	6	1	08
81	60	6	1	13
81	63	6	1	18
81	66	6	1	23

Long.	Larg.	Haut.	Mét.	Cent.
81	69	6	1	29
81	72	6	1	34
81	75	6	1	39
81	78	6	1	44
81	81	6	1	50
81	9	9	0	30
81	12	9	0	36
81	15	9	0	41
81	18	9	0	47
81	21	9	0	52
81	24	9	0	57
81	27	9	0	63
81	30	9	0	68
81	33	9	0	73
81	36	9	0	79
81	39	9	0	84
81	42	9	0	89
81	45	9	0	94
81	48	9	1	00
81	51	9	1	06
81	54	9	1	11
81	57	9	1	16
81	60	9	1	21
81	63	9	1	27
81	66	9	1	33
81	69	9	1	38
81	72	9	1	43
81	75	9	1	49
81	78	9	1	55
81	81	9	1	60
81	12	12	0	41
81	15	12	0	46
81	18	12	0	52
81	21	12	0	58
81	24	12	0	64
81	27	12	0	70
81	30	12	0	75
81	33	12	0	81
81	36	12	0	87
81	39	12	0	93

Long.	Larg.	Haut.	Mèt.	Cent.
81	42	12	0	98
81	45	12	1	03
81	48	12	1	09
81	51	12	1	15
81	54	12	1	21
81	57	12	1	26
81	60	12	1	31
81	63	12	1	36
81	66	12	1	41
81	69	12	1	47
81	72	12	1	53
81	75	12	1	58
81	78	12	1	64
81	81	12	1	70
81	15	15	0	52
81	18	15	0	58
81	21	15	0	64
81	24	15	0	70
81	27	15	0	76
81	30	15	0	81
81	33	15	0	87
81	36	15	0	93
81	39	15	0	99
81	42	15	1	05
81	45	15	1	11
81	48	15	1	16
81	51	15	1	22
81	54	15	1	27
81	57	15	1	33
81	60	15	1	39
81	63	15	1	44
81	66	15	1	50
81	69	15	1	56
81	72	15	1	61
81	75	15	1	67
81	78	15	1	73
81	81	15	1	79
81	18	18	0	64
81	21	18	0	70
81	24	18	0	76

Long.	Larg.	Haut.	Mèt.	Cent.
81	27	18	0	82
81	30	18	0	88
81	33	18	0	94
81	36	18	1	00
81	39	18	1	06
81	42	18	1	12
81	45	18	1	18
81	48	18	1	24
81	51	18	1	30
81	54	18	1	36
81	57	18	1	42
81	60	18	1	47
81	63	18	1	53
81	66	18	1	59
81	69	18	1	65
81	72	18	1	71
81	75	18	1	77
81	78	18	1	83
81	81	18	1	89
81	21	21	0	76
81	24	21	0	82
81	27	21	0	88
81	30	21	0	94
81	33	21	1	00
81	36	21	1	07
81	39	21	1	13
81	42	21	1	19
81	45	21	1	25
81	48	21	1	31
81	51	21	1	38
81	54	21	1	44
81	57	21	1	50
81	60	21	1	56
81	63	21	1	62
81	66	21	1	68
81	69	21	1	74
81	72	21	1	80
81	75	21	1	86
81	78	21	1	92
81	81	21	1	99

Long.	Larg.	Haut.	Mèt.	Cent.
81	24	24	0	83
81	27	24	0	94
81	30	24	1	01
81	33	24	1	08
81	36	24	1	14
81	39	24	1	20
81	42	24	1	26
81	45	24	1	32
81	48	24	1	38
81	51	24	1	45
81	54	24	1	51
81	57	24	1	57
81	60	24	1	64
81	63	24	1	70
81	66	24	1	76
81	69	24	1	83
81	72	24	1	89
81	75	24	1	95
81	78	24	2	01
81	81	24	2	08
81	27	27	1	01
81	30	27	1	07
81	33	27	1	13
81	36	27	1	20
81	39	27	1	27
81	42	27	1	34
81	45	27	1	40
81	48	27	1	47
81	51	27	1	54
81	54	27	1	60
81	57	27	1	66
81	60	27	1	73
81	63	27	1	79
81	66	27	1	85
81	69	27	1	92
81	72	27	1	98
81	75	27	2	05
81	78	27	2	11
81	81	27	2	18
81	30	30	1	13

Long.	Larg.	Haut.	Mèt.	Cent.	Long.	Larg.	Haut.	Mèt.	Cent.	Long	Larg.	Haut.	Mèt.	Cent.
81	33	30	1	20	81	54	36	1	84	81	45	45	1	85
81	36	30	1	27	81	57	36	1	91	81	48	45	1	93
81	39	30	1	34	81	60	36	1	98	81	51	45	2	01
81	42	30	1	41	81	63	36	2	05	81	54	45	2	09
81	45	30	1	48	81	66	36	2	12	81	57	45	2	16
81	48	30	1	55	81	69	36	2	19	81	60	45	2	23
81	51	30	1	61	81	72	36	2	26	81	63	45	2	31
81	54	30	1	68	81	75	36	2	33	81	66	45	2	38
81	57	30	1	75	81	78	36	2	40	81	69	45	2	46
81	60	30	1	81	81	81	36	2	47	81	72	45	2	54
81	63	30	1	88						81	75	45	2	61
81	66	30	1	95	81	39	39	1	55	81	78	45	2	69
81	69	30	2	01	81	42	39	1	62	81	81	45	2	77
81	72	30	2	07	81	45	39	1	70					
81	75	30	2	14	81	48	39	1	78	81	48	48	2	01
81	78	30	2	21	81	51	39	1	85	81	51	48	2	08
81	81	30	2	28	81	54	39	1	92	81	54	48	2	16
					81	57	39	2	00	81	57	48	2	24
81	33	33	1	27	81	60	39	2	07	81	60	48	2	32
81	36	33	1	34	81	63	39	2	14	81	63	48	2	39
81	39	33	1	41	81	66	39	2	21	81	66	48	2	47
81	42	33	1	49	81	69	39	2	28	81	69	48	2	55
81	45	33	1	56	81	72	39	2	35	81	72	48	2	62
81	48	33	1	63	81	75	39	2	42	81	75	48	2	70
81	51	33	1	69	81	78	39	2	49	81	78	48	2	78
81	54	33	1	76	81	81	39	2	57	81	81	48	2	86
81	57	33	1	83										
81	60	33	1	89	81	42	42	1	70	81	51	51	2	16
81	63	33	1	96	81	45	42	1	78	81	54	51	2	24
81	66	33	2	03	81	48	42	1	85	81	57	51	2	32
81	69	33	2	10	81	51	42	1	93	81	60	51	2	41
81	72	33	2	17	81	54	42	2	00	81	63	51	2	48
81	75	33	2	24	81	57	42	2	07	81	66	51	2	56
81	78	33	2	31	81	60	42	2	15	81	69	51	2	64
81	81	33	2	38	81	63	42	2	23	81	72	51	2	72
					81	66	42	2	30	81	75	51	2	80
81	36	36	1	41	81	69	42	2	37	81	78	51	2	88
81	39	36	1	48	81	72	42	2	44	81	81	51	2	96
81	42	36	1	55	81	75	42	2	52					
81	45	36	1	62	81	78	42	2	60	81	54	54	2	32
81	48	36	1	69	81	81	42	2	67	81	57	54	2	40
81	51	36	1	77						81	60	54	2	48

Long.	Larg.	Haut.	Mèt.	Cent.	Long.	Larg.	Haut.	Mèt.	Cent.	Long.	Larg.	Haut.	Mèt.	Cent.
81	63	54	2	56	81	69	69	3	18	84	72	6	1	40
81	66	54	2	65	81	72	69	3	27	84	75	6	1	45
81	69	54	2	73	81	75	69	3	36	84	78	6	1	50
81	72	54	2	81	81	78	69	3	45	84	81	6	1	55
81	75	54	2	89	81	81	69	3	54	84	84	6	1	61
81	78	54	2	97										
81	81	54	3	06	81	72	72	3	36	84	9	9	0	31
					81	75	72	3	45	84	12	9	0	36
81	57	57	2	48	81	78	72	3	54	84	15	9	0	42
81	60	57	2	56	81	81	72	3	64	84	18	9	0	48
81	63	57	2	64						84	21	9	0	54
81	66	57	2	73	81	75	75	3	54	84	24	9	0	59
81	69	57	2	82	81	78	75	3	64	84	27	9	0	65
81	72	57	2	90	81	81	75	3	74	84	30	9	0	71
81	75	57	2	98						84	33	9	0	76
81	78	57	3	06	81	78	78	3	74	84	36	9	0	81
81	81	57	3	15	81	81	78	3	84	84	39	9	0	86
										84	42	9	0	91
81	60	60	2	64	81	81	81	3	93	84	45	9	0	96
81	63	60	2	73						84	48	9	1	02
81	66	60	2	82	84	6	6	0	20	84	51	9	1	08
81	69	60	2	91	84	9	6	0	25	84	54	9	1	14
81	72	60	3		84	12	6	0	31	84	57	9	1	20
81	75	60	3	08	84	15	6	0	37	84	60	9	1	26
81	78	60	3	16	84	18	6	0	42	84	63	9	1	32
81	81	60	3	25	84	21	6	0	48	84	66	9	1	38
					84	24	6	0	53	84	69	9	1	44
81	63	63	2	82	84	27	6	0	58	84	72	9	1	49
81	66	63	2	90	84	30	6	0	64	84	75	9	1	55
81	69	63	3		84	33	6	0	69	84	78	9	1	61
81	72	63	3	09	84	36	6	0	74	84	81	9	1	66
81	75	63	3	18	84	39	6	0	80	84	84	9	1	71
81	78	63	3	26	84	42	6	0	85					
81	81	63	3	35	84	45	6	0	90	84	12	12	0	42
					84	48	6	0	95	84	15	12	0	48
81	66	66	3		84	51	6	1	01	84	18	12	0	54
81	69	66	3	09	84	54	6	1	06	84	21	12	0	60
81	72	66	3	18	84	57	6	1	12	84	24	12	0	65
81	75	66	3	27	84	60	6	1	18	84	27	12	0	71
81	78	66	3	36	84	63	6	1	23	84	30	12	0	77
81	81	66	3	45	84	66	6	1	28	84	33	12	0	83
					84	69	6	1	34	84	36	12	0	89

Long.	Larg.	Haut.	Mèt.	Cent.
84	39	12	0	95
84	42	12	1	
84	45	12	1	06
84	48	12	1	12
84	51	12	1	18
84	54	12	1	24
84	57	12	1	29
84	60	12	1	35
84	63	12	1	41
84	66	12	1	47
84	69	12	1	52
84	72	12	1	58
84	75	12	1	64
84	78	12	1	70
84	81	12	1	76
84	84	12	1	82
84	15	15	0	54
84	18	15	0	60
84	21	15	0	66
84	24	15	0	72
84	27	15	0	78
54	30	15	0	84
84	33	15	0	90
84	36	15	0	96
84	39	15	1	02
84	42	15	1	08
84	45	15	1	14
84	48	15	1	20
84	51	15	1	26
84	54	15	1	32
84	57	15	1	38
84	60	15	1	44
84	63	15	1	50
84	66	15	1	55
84	69	15	1	61
84	72	15	1	67
84	75	15	1	73
84	78	15	1	79
84	81	15	1	85
84	84	15	1	91

Long.	Larg.	Haut.	Mèt.	Cent.
84	18	18	0	66
84	21	18	0	72
84	24	18	0	78
84	27	18	0	84
84	30	18	0	90
84	33	18	0	97
84	36	18	1	03
84	39	18	1	09
84	42	18	1	15
84	45	18	1	21
84	48	18	1	27
84	51	18	1	34
84	54	18	1	40
84	57	18	1	46
84	60	18	1	52
84	63	18	1	58
84	66	18	1	64
84	69	18	1	70
84	72	18	1	76
84	75	18	1	82
84	78	18	1	88
84	81	18	1	94
84	84	18	2	01
84	21	21	0	78
84	24	21	0	85
84	27	21	0	92
84	30	21	0	98
84	33	21	1	04
84	36	21	1	10
84	39	21	1	16
84	42	21	1	22
84	45	21	1	28
84	48	21	1	34
84	51	21	1	41
84	54	21	1	48
84	57	21	1	56
84	60	21	1	62
84	63	21	1	68
84	66	21	1	74
84	69	21	1	80
84	72	21	1	86

Long.	Larg.	Haut.	Mèt.	Cent.
84	75	21	1	92
84	78	21	1	98
84	81	21	2	04
84	84	21	2	11
84	24	24	0	92
84	27	24	0	98
84	30	24	1	04
84	33	24	1	10
84	36	24	1	17
84	39	24	1	24
84	42	24	1	31
84	45	24	1	38
84	48	24	1	45
84	51	24	1	52
84	54	24	1	58
84	57	24	1	64
84	60	24	1	70
84	63	24	1	76
84	66	24	1	82
84	69	24	1	88
84	72	24	1	95
84	75	24	2	02
84	78	24	2	08
84	81	24	2	14
84	84	24	2	21
84	27	27	1	04
84	30	27	1	10
84	33	27	1	17
84	36	27	1	24
84	39	27	1	31
84	42	27	1	38
84	45	27	1	46
84	48	27	1	52
84	51	27	1	58
84	54	27	1	64
84	57	27	1	70
84	60	27	1	77
84	63	27	1	84
84	66	27	1	91
84	69	27	1	98

Long.	Larg.	Haut.	Mèt.	Cent.	Long.	Larg.	Haut.	Mèt.	Cent.	Long.	Larg.	Haut.	Mèt.	Cent.
84	72	27	2	05	84	81	33	2	45	84	54	42	2	05
84	75	27	2	12	84	84	33	2	52	84	57	42	2	13
84	78	27	2	18						84	60	42	2	21
84	81	27	2	24	84	36	36	1	45	84	63	42	2	29
84	84	27	2	31	84	39	36	1	52	84	66	42	2	37
					84	42	36	1	59	84	69	42	2	45
84	30	30	1	17	84	45	36	1	66	84	72	42	2	53
84	33	30	1	24	84	48	36	1	74	84	75	42	2	60
84	36	30	1	31	84	51	36	1	82	84	78	42	2	68
84	39	30	1	38	84	54	36	1	90	84	81	42	2	76
84	42	30	1	45	84	57	36	1	97	84	84	42	2	82
84	45	30	1	52	84	60	36	2	05					
84	48	30	1	59	84	63	36	2	13	84	45	45	1	89
84	51	30	1	66	84	66	36	2	19	84	48	45	1	97
84	54	30	1	73	84	69	36	2	26	84	51	45	2	05
84	57	30	1	80	84	72	36	2	33	84	54	45	2	13
84	60	30	1	87	84	75	36	2	40	84	57	45	2	22
84	63	30	1	94	84	78	36	2	47	84	60	45	2	30
84	66	30	2		84	81	36	2	54	84	63	45	2	38
84	69	30	2	07	84	84	36	2	62	84	66	45	2	46
84	72	30	2	14						84	69	45	2	54
84	75	30	2	21	84	39	39	1	59	84	72	45	2	62
84	78	30	2	28	84	42	39	1	66	84	75	45	2	70
84	81	30	2	35	84	45	39	1	73	84	78	45	2	76
84	84	30	2	41	84	48	39	1	80	84	81	45	2	84
					84	51	39	1	88	84	84	45	2	92
84	33	33	1	31	84	54	39	1	96					
84	36	33	1	38	84	57	39	2	05	84	48	48	2	05
84	39	33	1	45	84	60	39	2	13	84	51	48	2	12
84	42	33	1	52	84	63	39	2	21	84	54	48	2	20
84	45	33	1	59	84	66	39	2	28	84	57	48	2	29
84	48	33	1	66	84	69	39	2	35	84	60	48	2	37
84	51	33	1	74	84	72	39	2	42	84	63	48	2	45
84	54	33	1	81	84	75	39	2	49	84	66	48	2	54
84	57	33	1	88	84	78	39	2	57	84	69	48	2	62
84	60	33	1	95	84	81	39	2	65	84	72	48	2	70
84	63	33	2	02	84	84	39	2	72	84	75	48	2	78
84	66	33	2	09						84	78	48	2	86
84	69	33	2	17	84	42	42	1	73	84	81	48	2	94
84	72	33	2	24	84	45	42	1	81	84	84	48	3	02
84	75	33	2	31	84	48	42	1	89					
84	78	33	2	38	84	51	42	1	97	84	51	51	2	20

Long.	Larg.	Haut.	Mèt.	Cent.	Long.	Larg.	Haut.	Mèt.	Cent.	Long.	Larg.	Haut.	Mèt.	Cent.
84	54	51	2	28	84	81	60	3	30	84	81	81	4	03
84	57	51	2	36	84	84	60	3	37	84	84	81	4	13
84	60	51	2	45										
84	63	51	2	54	84	63	63	2	90	84	84	84	4	23
84	66	51	2	63	84	66	63	2	99					
84	69	51	2	72	84	69	63	3	08	87	6	6	0	21
84	72	51	2	80	84	72	63	3	17	87	9	6	0	26
84	75	51	2	88	84	75	63	3	26	87	12	6	0	32
84	78	51	2	96	84	78	63	3	35	87	15	6	0	38
84	81	51	3	04	84	81	63	3	43	87	18	6	0	43
84	84	51	3	12	84	84	63	3	52	87	21	6	0	48
										87	24	6	0	54
84	54	54	2	36	84	66	66	3	08	87	27	6	0	60
84	57	54	2	45	84	69	66	3	17	87	30	6	0	66
84	60	54	2	54	84	72	66	3	26	87	33	6	0	72
84	63	54	2	63	84	75	66	3	35	87	36	6	0	78
84	66	54	2	72	84	78	66	3	44	87	39	6	0	83
84	69	54	2	81	84	81	66	3	53	87	42	6	0	88
84	72	54	2	90	84	84	66	3	62	87	45	6	0	93
84	75	54	2	98						87	48	6	0	98
84	78	54	3	06	84	69	69	3	26	87	51	6	1	04
84	81	54	3	14	84	72	69	3	35	87	54	6	1	10
84	84	54	3	22	84	75	69	3	44	87	57	6	1	16
					84	78	69	3	53	87	60	6	1	22
84	57	57	2	54	84	81	69	3	63	87	63	6	1	28
84	60	57	2	63	84	84	69	3	73	87	66	6	1	33
84	63	57	2	72						87	69	6	1	38
84	66	57	2	80	84	72	72	3	44	87	72	6	1	43
84	69	57	2	89	84	75	72	3	53	87	75	6	1	48
84	72	57	2	98	84	78	72	3	63	87	78	6	1	54
84	75	57	3	07	84	81	72	3	73	87	81	6	1	60
84	78	57	3	16	84	84	72	3	83	87	84	6	1	66
84	81	57	3	24						87	87	6	1	72
84	84	57	3	32	84	75	75	3	63					
					84	78	75	3	73	87	9	9	0	32
84	60	60	2	72	84	81	75	3	83	87	12	9	0	37
84	63	60	2	81	84	84	75	3	93	87	15	9	0	43
84	66	60	2	90						87	18	9	0	49
84	69	60	2	99	84	78	78	3	83	87	21	9	0	55
84	72	60	3	08	84	81	78	3	93	87	24	9	0	61
84	75	60	3	16	84	84	78	4	03	87	27	9	0	66
84	78	60	3	24						87	30	9	0	72

Long.	Larg.	Haut.	Mèt.	Cent.	Long.	Larg.	Haut.	Mèt.	Cent.	Long.	Larg.	Haut.	Mèt.	Cent.
87	33	9	0	78	87	78	12	1	75	87	51	18	1	38
87	36	9	0	84	87	81	12	1	81	87	54	18	1	44
87	39	9	0	90	87	84	12	1	87	87	57	18	1	50
87	42	9	0	96	87	87	12	1	93	87	60	18	1	56
87	45	9	1	02						87	63	18	1	62
87	48	9	1	07	87	15	15	0	55	87	66	18	1	69
87	51	9	1	13	87	18	15	0	61	87	69	18	1	76
87	54	9	1	19	87	21	15	0	68	87	72	18	1	82
87	57	9	1	25	87	24	15	0	75	87	75	18	1	88
87	60	9	1	30	87	27	15	0	81	87	78	18	1	94
87	63	9	1	36	87	30	15	0	87	87	81	18	2	00
87	66	9	1	41	87	33	15	0	93	87	84	18	2	07
87	69	9	1	46	87	36	15	1		87	87	18	2	14
87	72	9	1	52	87	39	15	1	06					
87	75	9	1	58	87	42	15	1	12	87	21	21	0	80
87	78	9	1	64	87	45	15	1	18	87	24	21	0	87
87	81	9	1	70	87	48	15	1	24	87	27	21	0	94
87	84	9	1	76	87	51	15	1	30	87	30	21	1	00
87	87	9	1	82	87	54	15	1	36	87	33	21	1	07
					87	57	15	1	42	87	36	21	1	14
87	12	12	0	43	87	60	15	1	48	87	39	21	1	21
87	15	12	0	49	87	63	15	1	54	87	42	21	1	28
87	18	12	0	55	87	66	15	1	60	87	45	21	1	34
87	21	12	0	61	87	69	15	1	66	87	48	21	1	40
87	24	12	0	67	87	72	15	1	72	87	51	21	1	46
87	27	12	0	73	87	75	15	1	78	87	54	21	1	52
87	30	12	0	80	87	78	15	1	84	87	57	21	1	59
87	33	12	0	86	87	81	15	1	90	87	60	21	1	66
87	36	12	0	92	87	84	15	1	96	87	63	21	1	72
87	39	12	0	98	87	87	15	2	03	87	66	21	1	79
87	42	12	1	04						87	69	21	1	86
87	45	12	1	10	87	18	18	0	68	87	72	21	1	93
87	48	12	1	16	87	21	18	0	74	87	75	21	2	00
87	51	12	1	22	87	24	18	0	80	87	78	21	2	06
87	54	12	1	28	87	27	18	0	86	87	81	21	2	12
87	57	12	1	34	87	30	18	0	92	87	84	21	2	18
87	60	12	1	39	87	33	18	0	98	87	87	21	2	24
87	63	12	1	45	87	36	18	1	04					
87	66	12	1	51	87	39	18	1	10	87	24	24	0	94
87	69	12	1	57	87	42	18	1	16	87	27	24	1	00
87	72	12	1	63	87	45	18	1	23	87	30	24	1	07
87	75	12	1	69	87	48	18	1	30	87	33	24	1	14

Long.	Larg.	Haut.	Mèt.	Cent.	Long.	Larg.	Haut.	Mèt.	Cent.	Long.	Larg.	Haut.	Mèt.	Cent.
87	36	24	1	21	87	33	30	1	28	87	42	36	1	64
87	39	24	1	28	87	36	30	1	35	87	45	36	1	72
87	42	24	1	35	87	39	30	1	42	87	48	36	1	80
87	45	24	1	42	87	42	30	1	49	87	51	36	1	88
87	48	24	1	49	87	45	30	1	56	87	54	36	1	96
87	51	24	1	56	87	48	30	1	64	87	57	36	2	03
87	54	24	1	63	87	51	30	1	71	87	60	36	2	10
87	57	24	1	70	87	54	30	1	78	87	63	36	2	17
87	60	24	1	76	87	57	30	1	85	87	66	36	2	24
87	63	24	1	82	87	60	30	1	92	87	69	36	2	31
87	66	24	1	88	87	63	30	1	99	87	72	36	2	39
87	69	24	1	95	87	66	30	2	06	87	75	36	2	46
87	72	24	2	02	87	69	30	2	13	87	78	36	2	53
87	75	24	2	09	87	72	30	2	20	87	81	36	2	60
87	78	24	2	16	87	75	30	2	27	87	84	36	2	68
87	81	24	2	22	87	78	30	2	34	87	87	36	2	76
87	84	24	2	28	87	81	30	2	41					
87	87	24	2	35	87	84	30	2	48	87	39	39	1	64
					87	87	30	2	55	87	42	39	1	71
87	27	27	1	07						87	45	39	1	79
87	30	27	1	14	87	33	33	1	35	87	48	39	1	87
87	33	27	1	21	87	36	33	1	42	87	51	39	1	95
87	36	27	1	28	87	39	33	1	49	87	54	39	2	04
87	39	27	1	35	87	42	33	1	56	87	57	39	2	12
87	42	27	1	42	87	45	33	1	64	87	60	39	2	20
87	45	27	1	49	87	48	33	1	72	87	63	39	2	28
87	48	27	1	56	87	51	33	1	79	87	66	39	2	35
87	51	27	1	63	87	54	33	1	86	87	69	39	2	42
87	54	27	1	70	87	57	33	1	94	87	72	39	2	49
87	57	27	1	76	87	60	33	2	01	87	75	39	2	56
87	60	27	1	83	87	63	33	2	08	87	78	39	2	63
87	63	27	1	90	87	66	33	2	16	87	81	39	2	71
87	66	27	1	97	87	69	33	2	23	87	84	39	2	79
87	69	27	2	04	87	72	33	2	30	87	87	39	2	87
87	72	27	2	11	87	75	33	2	37					
87	75	27	2	18	87	78	33	2	44	87	42	42	1	79
87	78	27	2	25	87	81	33	2	51	87	45	42	1	87
87	81	27	2	32	87	84	33	2	58	87	48	42	1	95
87	84	27	2	38	87	87	33	2	66	87	51	42	2	04
87	87	27	2	45						87	54	42	2	12
					87	36	36	1	49	87	57	42	2	20
87	30	30	1	21	87	39	36	1	56	87	60	42	2	27

Long.	Larg.	Haut.	Mèt.	Cent.	Long.	Larg.	Haut.	Mèt.	Cent.	Long.	Larg.	Haut.	Mèt.	Cent.
87	63	42	2	35	87	54	51	2	36	87	72	60	3	15
87	66	42	2	43	87	57	51	2	45	87	75	60	3	25
87	69	42	2	50	87	60	51	2	53	87	78	60	3	34
87	72	42	2	58	87	63	51	2	62	87	81	60	3	43
87	75	42	2	66	87	66	51	2	70	87	84	60	3	51
87	78	42	2	74	87	69	51	2	78	87	87	60	3	60
87	81	42	2	81	87	72	51	2	86					
87	84	42	2	89	87	75	51	2	95	87	63	63	2	97
87	87	42	2	97	87	78	51	3	03	87	66	63	3	06
					87	81	51	3	11	87	69	63	3	15
87	45	45	1	95	87	84	51	3	19	87	72	63	3	24
87	48	45	2	03	87	87	51	3	28	87	75	63	3	34
87	51	45	2	10						87	78	63	3	43
87	54	45	2	18	87	54	54	2	45	87	81	63	3	52
87	57	45	2	27	87	57	54	2	53	87	84	63	3	61
87	60	45	2	36	87	60	54	2	62	87	87	63	3	70
87	63	45	2	44	87	63	54	2	71					
87	66	45	2	52	87	66	54	2	81	87	66	66	3	15
87	69	45	2	60	87	69	54	2	88	87	69	66	3	24
87	72	45	2	68	87	72	54	2	97	87	72	66	3	35
87	75	45	2	76	87	75	54	3	05	87	75	66	3	44
87	78	45	2	84	87	78	54	3	13	87	78	66	3	53
87	81	45	2	92	87	81	54	3	21	87	81	66	3	62
87	84	45	3		87	84	54	3	30	87	84	66	3	71
87	87	45	3	08	87	87	54	3	39	87	87	66	3	81
87	48	48	2	10	87	57	57	2	62	87	69	69	3	35
87	51	48	2	18	87	60	57	2	70	87	72	69	3	44
87	54	48	2	27	87	63	57	2	79	87	75	69	3	53
87	57	48	2	36	87	66	57	2	88	87	78	-69	3	62
87	60	48	2	45	87	69	57	2	97	87	81	69	3	71
87	63	48	2	53	87	72	57	3	06	87	84	69	3	81
87	66	48	2	62	87	75	57	3	15	87	87	69	3	91
87	69	48	2	70	87	78	57	3	24					
87	72	48	2	78	87	81	57	3	33	87	72	72	3	53
87	75	48	2	86	87	84	57	3	41	87	75	72	3	62
87	78	48	2	92	87	87	57	3	49	87	78	72	3	72
87	81	48	3							87	81	72	3	82
87	84	48	3	09	87	60	60	2	79	87	84	72	3	92
87	87	48	3	18	87	63	60	2	88	87	87	72	4	02
					87	66	60	2	97					
87	51	51	2	27	87	69	60	3	06	87	75	75	3	72

Long.	Larg.	Haut.	Mét.	Cent.	Long.	Larg.	Haut.	Mét.	Cent.	Long.	Larg.	Haut.	Mét.	Cent.
87	78	75	3	82	90	72	6	1	49	90	27	12	0	76
87	81	75	3	92	90	75	6	1	54	90	30	12	0	82
87	84	75	4	02	90	78	6	1	60	90	33	12	0	88
87	87	75	4	12	90	81	6	1	66	90	36	12	0	95
					90	84	6	1	72	90	39	12	1	01
87	78	78	3	92	90	87	6	1	77	90	42	12	1	07
87	81	78	4	02	90	90	6	1	83	90	45	12	1	13
87	84	78	4	12						90	48	12	1	19
87	87	78	4	22	90	9	9	0	33	90	51	12	1	25
					90	12	9	0	38	90	54	12	1	31
87	81	81	4	12	90	15	9	0	44	90	57	12	1	37
87	84	81	4	22	90	18	9	0	50	90	60	12	1	44
87	87	81	4	33	90	21	9	0	57	90	63	12	1	50
					90	24	9	0	63	90	66	12	1	56
87	84	84	4	33	90	27	9	0	69	90	69	12	1	62
87	87	84	4	43	90	30	9	0	75	90	72	12	1	68
					90	33	9	0	81	90	75	12	1	74
87	87	87	4	54	90	36	9	0	87	90	78	12	1	80
					90	39	9	0	93	90	81	12	1	86
90	6	6	0	22	90	42	9	0	99	90	84	12	1	92
90	9	6	0	27	90	45	9	1	05	90	87	12	1	98
90	12	6	0	33	90	48	9	1	11	90	90	12	2	05
90	15	6	0	39	90	51	9	1	17					
90	18	6	0	45	90	54	9	1	23	90	15	15	0	56
90	21	6	0	51	90	57	9	1	29	90	18	15	0	63
90	24	6	0	56	90	60	9	1	35	90	21	15	0	70
90	27	6	0	62	90	63	9	1	41	90	24	15	0	76
90	30	6	0	68	90	66	9	1	47	90	27	15	0	83
90	33	6	0	74	90	69	9	1	53	90	30	15	0	90
90	36	6	0	80	90	72	9	1	59	90	33	15	0	96
90	39	6	0	86	90	75	9	1	65	90	36	15	1	02
90	42	6	0	91	90	78	9	1	71	90	39	15	1	08
90	45	6	0	97	90	81	9	1	77	90	42	15	1	14
90	48	6	1	03	90	84	9	1	83	90	45	15	1	21
90	51	6	1	09	90	87	9	1	88	90	48	15	1	27
90	54	6	1	15	90	90	9	1	94	90	51	15	1	33
90	57	6	1	22						90	54	15	1	39
90	60	6	1	28	90	12	12	0	44	90	57	15	1	45
90	63	6	1	33	90	15	12	0	50	90	60	15	1	52
90	66	6	1	38	90	18	12	0	56	90	63	15	1	59
90	69	6	1	43	90	21	12	0	63	90	66	15	1	65
					90	24	12	0	70					

Long.	Larg.	Haut.	Mèt.	Cent.
90	69	15	1	71
90	72	15	1	77
90	75	15	1	83
90	78	15	1	90
90	81	15	1	96
90	84	15	2	02
90	87	15	2	09
90	90	15	2	16
90	18	18	0	70
90	21	18	0	77
90	24	18	0	84
90	27	18	0	91
90	30	18	0	97
90	33	18	1	03
90	36	18	1	10
90	39	18	1	16
90	42	18	1	22
90	45	18	1	28
90	48	18	1	35
90	51	18	1	42
90	54	18	1	48
90	57	18	1	55
90	60	18	1	62
90	63	18	1	68
90	66	18	1	74
90	69	18	1	80
90	72	18	1	87
90	75	18	1	93
90	78	18	2	00
90	81	18	2	06
90	84	18	2	12
90	87	18	2	19
90	90	18	2	26
90	21	21	0	84
90	24	21	0	90
90	27	21	0	96
90	30	21	1	03
90	33	21	1	10
90	36	21	1	17
90	39	21	1	23

Long.	Larg.	Haut.	Mèt.	Cent.
90	42	21	1	30
90	45	21	1	36
90	48	21	1	42
90	51	21	1	49
90	54	21	1	57
90	57	21	1	64
90	60	21	1	71
90	63	21	1	78
90	66	21	1	84
90	69	21	1	90
90	72	21	1	97
90	75	21	2	04
90	78	21	2	10
90	81	21	2	17
90	84	21	2	23
90	87	21	2	30
90	90	21	2	37
90	24	24	0	96
90	27	24	1	03
90	30	24	1	10
90	33	24	1	17
90	36	24	1	25
90	39	24	1	32
90	42	24	1	38
90	45	24	1	45
90	48	24	1	52
90	51	24	1	59
90	54	24	1	66
90	57	24	1	72
90	60	24	1	79
90	63	24	1	85
90	66	24	1	92
90	69	24	1	99
90	72	24	2	07
90	75	24	2	15
90	78	24	2	23
90	81	24	2	29
90	84	24	2	35
90	87	24	2	41
90	90	24	2	48

Long.	Larg.	Haut.	Mèt.	Cent.
90	27	27	1	10
90	30	27	1	17
90	33	27	1	24
90	36	27	1	31
90	39	27	1	38
90	42	27	1	46
90	45	27	1	53
90	48	27	1	60
90	51	27	1	67
90	54	27	1	74
90	57	27	1	82
90	60	27	1	89
90	63	27	1	96
90	66	27	2	03
90	69	27	2	10
90	72	27	2	17
90	75	27	2	24
90	78	27	2	31
90	81	27	2	38
90	84	27	2	45
90	87	27	2	52
90	90	27	2	59
90	30	30	1	24
90	33	30	1	32
90	36	30	1	39
90	39	30	1	46
90	42	30	1	54
90	45	30	1	61
90	48	30	1	68
90	51	30	1	76
90	54	30	1	83
90	57	30	1	90
90	60	30	1	97
90	63	30	2	04
90	66	30	2	11
90	69	30	2	18
90	72	30	2	26
90	75	30	2	33
90	78	30	2	40
90	81	30	2	47
90	84	30	2	55

Long.	Larg.	Haut.	Mèt.	Cent.	Long.	Larg.	Haut.	Mèt.	Cent.	Long.	Larg.	Haut.	Mèt.	Cent.
90	87	30	2	62	90	90	36	2	91	90	54	45	2	27
90	90	30	2	70						90	57	45	2	35
					90	39	39	1	68	90	60	45	2	43
90	33	33	1	39	90	42	39	1	76	90	63	45	2	52
90	36	33	1	46	90	45	39	1	83	90	66	45	2	60
90	39	33	1	53	90	48	39	1	92	90	69	45	2	68
90	42	33	1	62	90	51	39	2	01	90	72	45	2	76
90	45	33	1	70	90	54	39	2	08	90	75	45	2	83
90	48	33	1	77	90	57	39	2	16	90	78	45	2	91
90	51	33	1	84	90	60	39	2	24	90	81	45	2	99
90	54	33	1	91	90	63	39	2	32	90	84	45	3	07
90	57	33	1	98	90	66	39	2	40	90	87	45	3	15
90	60	33	2	06	90	69	39	2	48	90	90	45	3	24
90	63	33	2	14	90	72	39	2	56					
90	66	33	2	21	90	75	39	2	63	90	48	48	2	18
90	69	33	2	28	90	78	39	2	71	90	51	48	2	26
90	72	33	2	35	90	81	39	2	79	90	54	48	2	34
90	75	33	2	43	90	84	39	2	87	90	57	48	2	43
90	78	33	2	51	90	87	39	2	94	90	60	48	2	52
90	81	33	2	59	90	90	39	3	02	90	63	48	2	60
90	84	33	2	66						90	66	48	2	68
90	87	33	2	73	90	42	42	1	83	90	69	48	2	76
90	90	33	2	80	90	45	42	1	91	90	72	48	2	84
					90	48	42	2	00	90	75	48	2	93
90	36	36	1	53	90	51	42	2	08	90	78	48	3	03
90	39	36	1	61	90	54	42	2	17	90	81	48	3	13
90	42	36	1	68	90	57	42	2	26	90	84	48	3	23
90	45	36	1	76	90	60	42	2	34	90	87	48	3	33
90	48	36	1	85	90	63	42	2	42	90	90	48	3	44
90	51	36	1	93	90	66	42	2	50					
90	54	36	2	00	90	69	42	2	58	90	51	51	2	34
90	57	36	2	08	90	72	42	2	65	90	54	51	2	42
90	60	36	2	15	90	75	42	2	73	90	57	51	2	50
90	63	36	2	23	90	78	42	2	81	90	60	51	2	58
90	66	36	2	31	90	81	42	2	89	90	63	51	2	67
90	69	36	2	39	90	84	42	2	97	90	66	51	2	76
90	72	36	2	47	90	87	42	3	05	90	69	51	2	85
90	75	36	2	54	90	90	42	3	13	90	72	51	2	94
90	78	36	2	61						90	75	51	3	02
90	81	36	2	69	90	45	42	2		90	78	51	3	11
90	84	36	2	77	90	48	42	2	09	90	81	51	3	20
90	87	36	2	84	90	51	42	2	18	90	84	51	3	28

Long.	Larg.	Haut.	Mèt.	Cent.	Long.	Larg.	Haut.	Mèt.	Cent.	Long.	Larg.	Haut.	Mèt.	Cent.
90	87	51	3	36	90	63	63	3	04	90	87	75	4	21
90	90	51	3	45	90	66	63	3	13	90	90	75	4	32
					90	69	63	3	22					
90	54	54	2	50	90	72	63	3	32	90	78	78	4	01
90	57	54	2	59	90	75	63	3	42	90	81	78	4	11
90	60	54	2	68	90	78	63	3	51	90	84	78	4	21
90	63	54	2	77	90	81	63	3	60	90	87	78	4	31
90	66	54	2	86	90	84	63	3	69	90	90	78	4	42
90	69	54	2	95	90	87	63	3	78					
90	72	54	3	04	90	90	63	3	88	90	81	81	4	21
90	75	54	3	13						90	84	81	4	31
90	78	54	3	22	90	66	66	3	22	90	87	81	4	42
90	81	54	3	31	90	69	66	3	32	90	90	81	4	53
90	84	54	3	38	90	72	66	3	42					
90	87	54	3	47	90	75	66	3	52	90	84	84	4	42
90	90	54	3	56	90	78	66	3	62	90	87	84	4	53
					90	81	66	3	71	90	90	84	4	64
90	57	57	2	68	90	84	66	3	80					
90	60	57	2	77	90	87	66	3	89	90	87	87	4	64
90	63	57	2	86	90	90	66	3	99	90	90	87	4	75
90	66	57	2	95										
90	69	57	3	04	90	69	69	3	42	90	90	90	4	86
90	72	57	3	14	90	72	69	3	51					
90	75	57	3	23	90	75	69	3	61	93	6	6	0	23
90	78	57	3	32	90	78	69	3	71	93	9	6	0	28
90	81	57	3	41	90	81	69	3	81	93	12	6	0	34
90	84	57	3	50	90	84	69	3	90	93	15	6	0	40
90	87	57	3	58	90	87	69	4	00	93	18	6	0	46
90	90	57	3	67	90	90	69	4	10	93	21	6	0	52
										93	24	6	0	58
90	60	60	2	86	90	72	72	3	61	93	27	6	0	64
90	63	60	2	95	90	75	72	3	71	93	30	6	0	70
90	66	60	3	04	90	78	72	3	81	93	33	6	0	76
90	69	60	3	13	90	81	72	3	91	93	36	6	0	82
90	72	60	3	23	90	84	72	4	01	93	39	6	0	88
90	75	60	3	33	90	87	72	4	11	93	42	6	0	94
90	78	60	3	42	90	90	72	4	21	93	45	6	1	00
90	81	60	3	51						93	48	6	1	06
90	84	60	3	60	90	75	75	3	81	93	51	6	1	12
90	87	60	3	69	90	78	75	3	91	93	54	6	1	18
90	90	60	3	78	90	81	75	4	01	93	57	6	1	24
					90	84	75	4	11	93	60	6	1	30

Long.	Larg.	Haut.	Mèt.	Cent.	Long.	Larg.	Haut.	Mèt.	Cent.	Long.	Larg.	Haut.	Mèt.	Cent.
93	63	6	1	36	93	12	12	0	46	93	54	15	1	44
93	66	6	1	42	93	15	12	0	52	93	57	15	1	50
93	69	6	1	48	93	18	12	0	59	93	60	15	1	57
93	72	6	1	54	93	21	12	0	65	93	63	15	1	64
93	75	6	1	59	93	24	12	0	71	93	66	15	1	70
93	78	6	1	65	93	27	12	0	78	93	69	15	1	76
93	81	6	1	71	93	30	12	0	85	93	72	15	1	82
93	84	6	1	77	93	33	12	0	91	93	75	15	1	89
93	87	6	1	83	93	36	12	0	98	93	78	15	1	96
93	90	6	1	89	93	39	12	1	04	93	81	15	2	02
93	93	6	1	95	93	42	12	1	10	93	84	15	2	08
					93	45	12	1	17	93	87	15	2	14
93	9	9	0	34	93	48	12	1	23	93	90	15	2	21
93	12	9	0	40	93	51	12	1	29	93	93	15	2	28
93	15	9	0	46	93	54	12	1	35					
93	18	9	0	52	93	57	12	1	42	93	18	18	0	72
93	21	9	0	59	93	60	12	1	48	93	21	18	0	79
93	24	9	0	65	93	63	12	1	54	93	24	18	0	86
93	27	9	0	71	93	66	12	1	60	93	27	18	0	93
93	30	9	0	77	93	69	12	1	67	93	30	18	1	00
93	33	9	0	83	93	72	12	1	73	93	33	18	1	07
93	36	9	0	89	93	75	12	1	79	93	36	18	1	13
93	39	9	0	95	93	78	12	1	86	93	39	18	1	20
93	42	9	1	02	93	81	12	1	92	93	42	18	1	27
93	45	9	1	08	93	84	12	1	98	93	45	18	1	34
93	48	9	1	14	93	87	12	2	04	93	48	18	1	41
93	51	9	1	20	93	90	12	2	10	93	51	18	1	47
93	54	9	1	26	93	93	12	2	17	93	54	18	1	53
93	57	9	1	32						93	57	18	1	60
93	60	9	1	39	93	15	15	0	59	93	60	18	1	66
93	63	9	1	45	93	18	15	0	66	93	63	18	1	72
93	66	9	1	51	93	21	15	0	72	93	66	18	1	79
93	69	9	1	57	93	24	15	0	78	93	69	18	1	86
93	72	9	1	63	93	27	15	0	85	93	72	18	1	93
93	75	9	1	69	93	30	15	0	92	93	75	18	1	99
93	78	9	1	75	93	33	15	0	99	93	78	18	2	06
93	81	9	1	81	93	36	15	1	06	93	81	18	2	12
93	84	9	1	87	93	39	15	1	12	93	84	18	2	19
93	87	9	1	93	93	42	15	1	19	93	87	18	2	26
93	90	9	1	99	93	45	15	1	25	93	90	18	2	33
93	93	9	2	06	93	48	15	1	31	93	63	18	2	40
					93	51	15	1	38					

Long.	Larg.	Haut.	Mèt.	Cent.	Long.	Larg.	Haut.	Mèt.	Cent.	Long.	Larg.	Haut.	Mèt.	Cent.
93	21	21	0	86	93	72	24	2	13	93	57	30	1	96
93	24	21	0	93	93	75	24	2	20	93	60	30	2	03
93	27	21	1		93	78	24	2	27	93	63	30	2	10
93	30	21	1	07	93	81	24	2	34	93	66	30	2	17
93	33	21	1	14	93	84	24	2	41	93	69	30	2	24
93	36	21	1	21	93	87	24	2	48	93	72	30	2	32
93	39	21	1	28	93	90	24	2	55	93	75	30	2	40
93	42	21	1	35	93	93	24	2	62	93	78	30	2	47
93	45	21	1	42						93	81	30	2	54
93	48	21	1	48	93	27	27	1	14	93	84	30	2	62
93	51	21	1	55	93	30	27	1	21	93	87	30	2	69
93	54	21	1	62	93	33	27	1	28	93	90	30	2	76
93	57	21	1	69	93	36	27	1	35	93	93	30	2	84
93	60	21	1	76	93	39	27	1	43					
93	63	21	1	83	93	42	27	1	51	93	33	33	1	43
93	66	21	1	90	93	45	27	1	58	93	36	33	1	50
93	69	21	1	96	93	48	27	1	65	93	39	33	1	57
93	72	21	2	03	93	51	27	1	72	93	42	33	1	65
93	75	21	2	10	93	54	27	1	79	93	45	33	1	73
93	78	21	2	17	93	57	27	1	86	93	48	33	1	80
93	81	21	2	24	93	60	27	1	93	93	51	33	1	88
93	84	21	2	30	93	63	27	2	00	93	54	33	1	96
93	87	21	2	37	93	66	27	2	08	93	57	33	2	04
93	90	21	2	44	93	69	27	2	16	93	60	33	2	12
93	93	21	2	51	93	72	27	2	23	93	63	33	2	20
					93	75	27	2	30	93	66	33	2	27
93	24	24	1	00	93	78	27	2	37	93	69	33	2	34
93	27	24	1	07	93	81	27	2	44	93	72	33	2	42
93	30	24	1	14	93	84	27	2	51	93	75	33	2	50
93	33	24	1	21	93	87	27	2	58	93	78	33	2	57
93	36	24	1	28	93	90	27	2	65	93	81	33	2	64
93	39	24	1	35	93	93	27	2	73	93	84	33	2	72
93	42	24	1	42						93	87	33	2	80
93	45	24	1	50	93	30	30	1	28	93	90	33	2	87
93	48	24	1	58	93	33	30	1	35	93	93	33	2	95
93	51	24	1	65	93	36	30	1	43					
93	54	24	1	72	93	39	30	1	50	93	36	36	1	57
93	57	24	1	79	93	42	30	1	58	93	39	36	1	65
93	60	24	1	86	93	45	30	1	66	93	42	36	1	73
93	63	24	1	93	93	48	30	1	74	93	45	36	1	81
93	66	24	2	00	93	51	30	1	81	93	48	36	1	89
93	69	24	2	06	93	54	30	1	89	93	51	36	1	97

Long.	Larg.	Haut.	Mèt.	Cent.	Long.	Larg.	Haut.	Mèt.	Cent.	Long.	Larg.	Haut.	Mèt.	Cent.
93	54	36	2	05	93	63	42	2	47	93	84	48	3	25
93	57	36	2	13	93	66	42	2	56	93	87	48	3	34
93	60	36	2	21	93	69	42	2	64	93	90	48	3	42
93	63	36	2	29	93	72	42	2	72	93	93	48	3	51
93	66	36	2	37	93	75	42	2	80					
93	69	36	2	45	93	78	42	2	88	93	51	51	2	39
93	72	36	2	53	93	81	42	2	96	93	54	51	2	48
93	75	36	2	60	93	84	42	3	04	93	57	51	2	57
93	78	36	2	68	93	87	42	3	12	93	60	51	2	66
93	81	36	2	76	93	90	42	3	20	93	63	51	2	75
93	84	36	2	84	93	93	42	3	29	93	66	51	2	84
93	87	36	2	92						93	69	51	2	93
93	90	36	3		93	45	45	2	05	93	72	51	3	02
93	93	36	3	07	93	48	45	2	13	93	75	51	3	11
					93	51	45	2	21	93	78	51	3	20
93	39	39	1	73	93	54	45	2	29	93	81	51	3	29
93	42	39	1	81	93	57	45	2	38	93	84	51	3	38
93	45	39	1	89	93	60	45	2	47	93	87	51	3	46
93	48	39	1	98	93	63	45	2	56	93	90	51	3	54
93	51	39	2	07	93	66	45	2	65	93	93	51	3	62
93	54	39	2	15	93	69	45	2	73					
93	57	39	2	23	93	72	45	2	82	93	54	54	2	57
93	60	39	2	31	93	75	45	2	90	93	57	54	2	66
93	63	39	2	39	93	78	45	2	99	93	60	54	2	75
93	66	39	2	47	93	81	45	3	08	93	63	54	2	84
93	69	39	2	55	93	84	45	3	16	93	66	54	2	93
93	72	39	2	62	93	87	45	3	24	93	69	54	3	02
93	75	39	2	70	93	90	45	3	32	93	72	54	3	11
93	78	39	2	78	93	93	45	3	40	93	75	54	3	21
93	81	39	2	86						93	78	54	3	30
93	84	39	2	94	93	48	48	2	21	93	81	54	3	39
93	87	39	3	02	93	51	48	2	30	93	84	54	3	48
93	90	39	3	10	93	54	48	2	39	93	87	54	3	57
93	93	39	3	18	93	57	48	2	48	93	90	54	3	65
					93	60	48	2	57	93	93	54	3	73
93	42	42	1	89	93	63	48	2	67					
93	45	42	1	97	93	66	48	2	76	93	57	57	2	75
93	48	42	2	05	93	69	48	2	85	93	60	57	2	84
93	51	42	2	13	93	72	48	2	93	93	63	57	2	93
93	54	42	2	21	93	75	48	3	01	93	66	57	3	03
93	57	42	2	29	93	78	48	3	09	93	69	57	3	13
93	60	42	2	38	93	81	48	3	17	93	72	57	3	22

Long.	Larg.	Haut.	Mèt.	Cent.
93	75	57	3	31
93	78	57	3	40
93	81	57	3	49
93	84	57	3	58
93	87	57	3	67
93	90	57	3	76
93	93	57	3	85
93	60	60	2	93
93	63	60	3	02
93	66	60	3	11
93	69	60	3	20
93	72	60	3	30
93	75	60	3	41
93	78	60	3	50
93	81	60	3	59
93	84	60	3	68
93	87	60	3	77
93	90	60	3	86
93	93	60	3	96
93	63	63	3	11
93	66	63	3	20
93	69	63	3	30
93	72	63	3	40
93	75	63	3	50
93	78	63	3	60
93	81	63	3	70
93	84	63	3	79
93	87	63	3	88
93	90	63	3	97
93	93	63	4	07
93	66	66	3	30
93	69	66	3	40
93	72	66	3	50
93	75	66	3	60
93	78	66	3	70
93	81	66	3	80
93	84	[illegible]	3	90
93	87	[illegible]	4	00
93	90	66	4	09

Long.	Larg.	Haut.	Mèt.	Cent.
93	93	66	4	19
93	69	69	3	50
93	72	69	3	60
93	75	69	3	70
93	78	69	3	80
93	81	69	3	90
93	84	69	4	00
93	87	69	4	09
93	90	69	4	19
93	93	69	4	29
93	72	72	3	70
93	75	72	3	80
93	78	72	3	90
93	81	72	4	00
93	84	72	4	10
93	87	72	4	20
93	90	72	4	30
93	93	72	4	40
93	75	75	3	90
93	78	75	4	00
93	81	75	4	11
93	84	75	4	21
93	87	75	4	31
93	90	75	4	41
93	93	76	4	52
93	78	78	4	11
93	81	78	4	21
93	84	78	4	31
93	87	78	4	42
93	90	78	4	52
93	93	78	4	63
93	81	81	4	31
93	84	81	4	42
93	87	81	4	52
93	90	81	4	63
93	93	81	4	74

Long.	Larg.	Haut.	Mèt.	Cent.
93	84	84	4	52
93	87	84	4	63
93	90	84	4	74
93	93	84	4	85
93	87	87	4	74
93	90	87	4	85
93	93	87	4	96
93	90	90	4	96
93	93	90	5	07
93	93	93	5	19
96	6	6	0	23
96	9	6	0	29
96	12	6	0	35
96	15	6	0	41
96	18	6	0	47
96	21	6	0	54
96	24	6	0	60
96	27	6	0	66
96	30	6	0	72
96	33	6	0	78
96	36	6	0	84
96	39	6	0	90
96	42	6	0	97
96	45	6	1	03
96	48	6	1	09
96	51	6	1	15
96	54	6	1	21
96	57	6	1	27
96	60	6	1	33
96	63	6	1	40
96	66	6	1	46
96	69	6	1	52
96	72	6	1	58
96	75	6	1	66
96	78	6	1	72
96	81	6	1	78
96	84	6	1	84
96	87	6	1	90

Long.	Larg.	Haut.	Mét.	Cent.	Long.	Larg.	Haut.	Mét.	Cont.	Long.	Larg.	Haut.	Mét.	Cent.
96	90	6	1	96	96	33	12	0	93	96	72	15	1	88
96	93	6	2	01	96	36	12	1		96	75	15	1	94
96	96	6	2	07	96	39	12	1	06	96	78	15	2	01
					96	42	12	1	13	96	81	15	2	08
96	9	9	0	35	96	45	12	1	20	96	84	15	2	15
96	12	9	0	41	96	48	12	1	27	96	87	15	2	22
96	15	9	0	47	96	51	12	1	33	96	90	15	2	28
96	18	9	0	54	96	54	12	1	40	96	93	15	2	35
96	21	9	0	61	96	57	12	1	46	96	96	15	2	42
96	24	9	0	67	96	60	12	1	52					
96	27	9	0	73	96	63	12	1	59	96	18	18		74
96	30	9	0	80	96	66	12	1	65	96	21	18	0	81
96	33	9	0	86	96	69	12	1	71	96	24	18	0	88
96	36	9	0	92	96	72	12	1	78	96	27	18	0	96
96	39	9	0	93	96	75	12	1	85	96	30	18	1	03
96	42	9	1	04	96	78	12	1	91	96	33	18	1	10
96	45	9	1	10	96	81	12	1	93	96	36	18	1	17
96	48	9	1	17	96	84	12	2	04	96	39	18	1	24
96	51	9	1	24	96	87	12	2	10	96	42	18	1	31
96	54	9	1	30	96	90	12	2	16	96	45	18	1	37
96	57	9	1	36	96	93	12	2	23	96	48	18	1	43
96	60	9	1	43	96	96	12	2	30	96	51	18	1	50
96	63	9	1	49						96	54	18	1	57
96	66	9	1	55	96	15	15	0	60	96	57	18	1	64
96	69	9	1	61	96	18	15	0	67	96	60	18	1	71
96	72	9	1	68	96	21	15	0	74	96	63	18	1	78
96	75	9	1	74	96	24	15	0	81	96	66	18	1	85
96	78	9	1	80	96	27	15	0	88	96	69	18	1	92
96	81	9	1	87	96	30	15	0	95	96	72	18	1	98
96	84	9	1	90	96	33	15	1	02	96	75	18	2	05
96	87	9	1	96	96	36	15	1	09	96	78	18	2	12
96	90	9	2	03	96	39	15	1	16	96	81	18	2	19
96	93	9	2	10	96	42	15	1	23	96	84	18	2	26
96	96	9	2	18	96	45	15	1	30	96	87	18	2	33
					66	48	15	1	36	96	90	18	2	40
96	12	12	0	47	96	51	15	1	42	96	93	18	2	46
96	15	12	0	53	96	54	15	1	49	96	96	18	2	53
96	18	12	0	60	96	57	15	1	56					
96	21	12	0	67	96	60	15	1	62	96	21	21	0	88
96	24	12	0	74	96	63	15	1	68	96	24	21	0	95
96	27	12	0	80	96	66	15	1	75	96	27	21	1	02
96	30	12	0	87	96	69	15	1	82	96	30	21	1	09

Long.	Larg.	Haut.	Mét.	Cent.	Long.	Larg.	Haut.	Mét.	Cent.	Long.	Larg.	Haut.	Mét.	Cent.
96	33	21	1	16	96	81	24	2	40	96	60	30	2	08
96	36	21	1	24	96	84	24	2	47	96	63	30	2	16
96	39	21	1	31	96	87	24	2	54	96	66	30	2	24
96	42	21	1	38	96	90	24	2	61	96	69	30	2	32
96	45	21	1	45	96	93	24	2	68	96	72	30	2	40
96	48	21	1	52	96	96	24	2	76	96	75	30	2	47
96	51	21	1	59						96	78	30	2	54
96	54	21	1	66	96	27	27	1	17	96	81	30	2	61
96	57	21	1	73	96	30	27	1	24	96	84	30	2	68
96	60	21	1	80	96	33	27	1	32	96	87	30	2	76
96	63	21	1	87	96	36	27	1	40	96	90	30	2	84
96	66	21	1	94	96	39	27	1	47	96	93	30	2	91
96	69	21	2	01	96	42	27	1	55	96	96	30	2	99
96	72	21	2	08	96	45	27	1	63					
96	75	21	2	15	96	48	27	1	70	96	33	33	1	48
96	78	21	2	22	96	51	27	1	77	96	36	33	1	56
96	81	21	2	29	96	54	27	1	84	96	39	33	1	64
96	84	21	2	36	96	57	27	1	91	96	42	33	1	72
96	87	21	2	43	96	60	27	1	99	96	45	33	1	80
96	90	21	2	50	96	63	27	2	06	96	48	33	1	87
96	93	21	2	57	96	66	27	2	12	96	51	33	1	95
96	96	21	2	65	96	69	27	2	20	96	54	33	2	03
					96	72	27	2	27	96	57	33	2	10
96	24	24	1	02	96	75	27	2	35	96	60	33	2	18
96	27	24	1	09	96	78	27	2	43	96	63	33	2	26
96	30	24	1	17	96	81	27	2	50	96	66	33	2	34
96	33	24	1	24	96	84	27	2	58	96	69	33	2	42
96	36	24	1	32	96	87	27	2	66	96	72	33	2	50
96	39	24	1	39	96	90	27	2	73	96	75	33	2	57
96	42	24	1	46	96	93	27	2	80	96	78	33	2	64
96	45	24	1	53	96	96	27	2	88	96	81	33	2	72
96	48	24	1	60						96	84	33	2	80
96	51	24	1	67	96	30	30	1	32	96	87	33	2	88
96	54	24	1	75	96	33	30	1	40	96	90	33	2	96
96	57	24	1	82	96	36	30	1	48	96	93	33	3	03
96	60	24	1	89	96	39	30	1	56	96	96	33	3	11
96	63	24	1	96	96	42	30	1	63					
96	66	24	2	03	96	45	30	1	71	96	36	36	1	64
96	69	24	2	11	96	48	30	1	79	96	39	36	1	72
96	72	24	2	18	96	51	30	1	87	96	42	36	1	80
96	75	24	2	25	96	54	30	1	94	96	45	36	1	83
96	78	24	2	32	96	57	30	2	01	96	48	36	1	95

Long.	Larg.	Haut.	Mèt.	Cent.
96	51	36	2	03
96	54	36	2	10
96	57	36	2	18
96	60	36	2	26
96	63	36	2	34
96	66	36	2	43
96	69	36	2	50
96	72	36	2	58
96	75	36	2	66
96	78	36	2	74
96	81	36	2	83
96	84	36	2	90
96	87	36	2	98
96	90	36	3	06
96	93	36	3	14
96	96	36	3	22
96	39	39	1	80
96	42	39	1	88
96	45	39	1	96
96	48	39	2	04
96	51	39	2	12
96	54	39	2	20
96	57	39	2	28
96	60	39	2	36
96	63	39	2	44
96	66	39	2	52
96	69	39	2	60
96	72	39	2	68
96	75	39	2	76
96	78	39	2	85
96	81	39	2	93
96	84	39	3	01
96	87	39	3	09
96	90	39	3	17
96	93	39	3	25
96	96	39	3	34
96	42	42	1	96
96	45	42	2	04
96	48	42	2	12
96	51	42	2	20

Long.	Larg.	Haut.	Mèt.	Cent.
96	54	42	2	29
96	57	42	2	37
96	60	42	2	45
96	63	42	2	54
96	66	42	2	62
96	69	42	2	70
96	72	42	2	78
96	75	42	2	87
96	78	42	2	95
96	81	42	3	03
96	84	42	3	11
96	87	42	3	19
96	90	42	3	27
96	93	42	3	36
96	96	42	3	45
96	45	45	2	12
96	48	45	2	20
96	51	45	2	28
96	54	45	2	37
96	57	45	2	46
96	60	45	2	55
96	63	45	2	63
96	66	45	2	72
96	69	45	2	80
96	72	45	2	89
96	75	45	2	97
96	78	45	3	06
96	81	45	3	15
96	84	45	3	23
96	87	45	3	32
96	90	45	3	40
96	93	45	3	48
96	96	45	3	57
96	48	48	2	28
96	51	48	2	37
96	54	48	2	46
96	57	48	2	55
96	60	48	2	64
96	63	48	2	73
96	66	48	2	82

Long.	Larg.	Haut.	Mèt.	Cent.
96	69	48	2	91
96	72	48	3	
96	75	48	3	08
96	78	48	3	16
96	81	48	3	25
96	84	48	3	33
96	87	48	3	42
96	90	48	3	50
96	93	48	3	59
96	96	48	3	68
96	51	51	2	46
96	54	51	2	55
96	57	51	2	64
96	60	51	2	73
96	63	51	2	82
96	66	51	2	91
96	69	51	3	
96	72	51	3	09
96	75	51	3	18
96	78	51	3	27
96	81	51	3	36
96	84	51	3	45
96	87	51	3	54
96	90	51	3	63
96	93	51	3	71
96	96	51	3	80
96	54	54	2	64
96	57	54	2	73
96	60	54	2	82
96	63	54	2	91
96	66	54	3	
96	69	54	3	09
96	72	54	3	19
96	75	54	3	28
96	78	54	3	37
96	81	54	3	46
96	84	54	3	55
96	87	54	3	64
96	90	54	3	73
96	93	54	3	82

Long.	Larg.	Haut.	Mèt.	Cent.
96	96	54	3	91
96	57	57	2	82
96	60	57	2	91
96	63	57	3	
96	66	57	3	10
96	69	57	3	19
96	72	57	3	28
96	75	57	3	38
96	78	57	3	48
96	81	57	3	58
96	84	57	3	67
96	87	57	3	76
96	90	57	3	85
96	93	57	3	94
96	96	57	4	03
96	60	60	3	
96	63	60	3	09
96	66	60	3	18
96	69	60	3	28
96	72	60	3	38
96	75	90	3	48
96	78	60	3	53
96	81	60	3	67
96	84	60	3	76
96	87	60	3	86
96	90	60	3	96
96	93	60	4	05
96	96	60	4	14
98	63	63	3	18
96	66	63	3	28
96	69	63	3	38
96	72	63	3	48
96	75	63	3	58
96	78	63	3	69
96	81	63	3	79
96	84	63	3	89
96	87	63	3	99
96	99	63	4	09
96	03	63	4	18

Long.	Larg.	Haut.	Mèt.	Cent.
96	96	63	4	27
96	66	66	3	38
96	69	66	3	48
96	72	66	3	58
96	75	66	3	68
96	78	66	3	78
96	81	66	3	89
96	84	66	3	99
96	87	66	4	09
96	90	66	4	18
96	93	66	4	23
96	96	66	4	37
96	69	69	3	58
96	72	69	3	68
96	75	69	3	78
96	78	69	3	88
96	81	69	3	99
96	84	69	4	09
96	87	69	4	19
96	90	69	4	29
96	93	69	4	39
96	96	69	4	49
96	72	72	3	78
96	75	72	3	88
96	78	72	3	98
96	81	72	4	09
96	84	72	4	20
96	87	72	4	30
96	90	72	4	40
96	93	72	4	50
96	96	72	4	60
96	75	75	3	98
96	78	75	4	09
96	81	75	4	20
96	84	75	4	31
96	87	75	4	41
96	90	75	4	51
96	93	75	4	61

Long.	Larg.	Haut.	Mèt.	Cent.
96	96	75	4	72
96	78	78	4	20
96	81	78	4	31
96	84	78	4	42
96	87	78	4	52
96	90	78	4	62
96	93	78	4	72
96	96	78	4	83
96	81	81	4	42
96	84	81	4	53
96	87	81	4	63
96	90	81	4	74
96	93	81	4	84
96	96	81	4	95
96	84	84	4	63
96	87	84	4	74
96	90	84	4	85
96	93	84	4	95
96	96	84	5	06
96	87	87	4	85
96	90	87	4	96
96	93	87	5	07
96	96	87	5	18
96	90	90	5	07
96	93	90	5	18
96	96	90	5	30
96	93	93	5	30
96	96	93	5	41
96	96	96	5	52
99	6	6	0	24
99	9	6	0	30
99	12	6	0	36
99	15	6	0	42
99	18	6	0	49

Long.	Larg.	Haut.	Mèt.	Cent.	Long.	Larg.	Haut.	Mèt.	Cent.	Long.	Larg.	Haut.	Mèt.	Cent.
99	21	6	0	55	99	51	9	1	27	99	84	12	2	10
99	24	6	0	62	99	54	9	1	34	99	87	12	2	17
99	27	6	0	68	99	57	9	1	40	99	90	12	2	23
99	30	6	0	74	99	60	9	1	47	99	93	12	2	30
99	33	6	0	81	99	63	9	1	53	99	96	12	2	36
99	36	6	0	87	99	66	9	1	60	99	99	12	2	43
99	39	6	0	93	99	69	9	1	67					
99	42	6	0	99	99	72	9	1	74	99	15	15	0	63
99	45	6	1	06	99	75	9	1	80	99	18	15	0	70
99	48	6	1	12	99	78	9	1	86	99	21	15	0	77
99	51	6	1	18	99	81	9	1	92	99	24	15	0	84
99	54	6	1	24	99	84	9	1	99	99	27	15	0	91
99	57	6	1	30	99	87	9	2	06	99	30	15	0	98
99	60	6	1	37	99	90	9	2	12	99	33	15	1	05
99	63	6	1	43	99	93	9	2	18	99	36	15	1	12
99	66	6	1	49	99	96	9	2	24	99	39	15	1	19
99	69	6	1	55	99	99	9	2	31	99	42	15	1	26
99	72	6	1	62						99	45	15	1	32
99	75	6	1	69	99	12	12	0	50	99	48	15	1	39
99	78	6	1	75	99	15	12	0	56	99	51	15	1	46
99	81	6	1	81	99	18	12	0	63	99	54	15	1	53
99	84	6	1	87	99	21	12	0	70	99	57	15	1	60
99	87	6	1	94	99	24	12	0	77	99	60	15	1	67
99	90	6	2		99	27	12	0	84	99	63	15	1	73
99	93	6	2	06	99	30	12	0	91	99	66	15	1	80
99	96	6	2	12	99	33	12	0	97	99	69	15	1	87
99	99	6	2	19	99	36	12	1	03	99	72	15	1	94
					99	39	12	1	10	99	75	15	2	
99	9	9	0	36	99	42	12	1	16	99	78	15	2	07
99	12	9	0	43	99	45	12	1	22	99	81	15	2	14
99	15	9	0	50	99	48	12	1	29	99	84	15	2	21
99	18	9	0	56	99	51	12	1	36	99	87	15	2	28
99	21	9	0	62	99	54	12	1	43	99	90	15	2	35
99	24	9	0	69	99	57	12	1	50	99	93	15	2	42
99	27	9	0	75	99	60	12	1	56	99	96	15	2	49
99	30	9	0	81	99	63	12	1	62	99	99	15	2	55
99	33	9	0	88	99	66	12	1	69					
99	36	9	0	95	99	69	12	1	76	99	18	18	0	77
99	39	9	1	02	99	72	12	1	83	99	21	18	0	84
99	42	9	1	09	99	75	12	1	90	99	24	18	0	91
99	45	9	1	15	99	78	12	1	97	99	27	18	0	98
99	48	9	1	21	99	81	12	2	03	99	30	18	1	05

Long.	Larg.	Haut.	Mèt.	Cent.	Long.	Larg.	Haut.	Mèt.	Cent.	Long.	Larg.	Haut.	Mèt.	Cent.
99	33	18	1	12	99	75	21	2	21	99	42	27	1	59
99	36	18	1	19	99	78	21	2	28	99	45	27	1	67
99	39	18	1	26	99	81	21	2	36	99	48	27	1	74
99	42	18	1	33	99	84	21	2	43	99	51	27	1	82
99	45	18	1	41	99	87	21	2	50	99	54	27	1	90
99	48	18	1	48	99	90	21	2	57	99	57	27	1	97
99	51	18	1	55	99	93	21	2	64	99	60	27	2	04
99	54	18	1	62	99	96	21	2	72	99	63	27	2	12
99	57	18	1	69	99	99	21	2	79	99	66	27	2	19
99	60	18	1	76						99	69	27	2	26
99	63	18	1	83	99	24	24	1	05	99	72	27	2	34
99	66	18	1	90	99	27	24	1	13	99	75	27	2	41
99	69	18	1	97	99	30	24	1	21	99	78	27	2	49
99	72	18	2	04	99	33	24	1	28	99	81	27	2	57
99	75	18	2	11	99	36	24	1	36	99	84	27	2	65
99	78	18	2	18	99	39	24	1	44	99	87	27	2	72
99	81	18	2	25	99	42	24	1	52	99	90	27	2	80
99	84	18	2	32	99	45	24	1	59	99	93	27	2	87
99	87	18	2	39	99	48	24	1	66	99	96	27	2	95
99	90	18	2	46	99	51	24	1	73	99	99	27	3	03
99	93	18	2	53	99	54	24	1	80					
99	96	18	2	60	99	57	24	1	88	99	30	30	1	36
99	99	18	2	67	99	60	24	1	96	99	33	30	1	43
					99	63	24	2	02	99	36	30	1	51
99	21	21	0	91	99	66	24	2	09	99	39	30	1	59
99	24	21	0	98	99	69	24	2	16	99	42	30	1	67
99	27	21	1	05	99	72	24	2	24	99	45	30	1	75
99	30	21	1	12	99	75	24	2	31	99	48	30	1	83
99	33	21	1	20	99	78	24	2	38	99	51	30	1	90
99	36	21	1	27	99	81	24	2	46	99	54	30	1	98
99	39	21	1	34	99	84	24	2	53	99	57	30	2	06
99	42	21	1	42	99	87	24	2	60	99	60	30	2	14
99	45	21	1	49	99	90	24	2	68	99	63	30	2	22
99	48	21	1	57	99	93	24	2	76	99	66	30	2	30
99	51	21	1	64	99	96	24	2	83	99	69	30	2	38
99	54	21	1	71	99	99	24	2	91	99	72	30	2	45
99	57	21	1	78						99	75	30	2	53
99	60	21	1	85	99	27	27	1	21	99	78	30	2	60
99	63	21	1	93	99	30	27	1	29	99	81	30	2	67
99	66	21	2	00	99	33	27	1	36	99	84	30	2	75
99	69	21	2	07	99	36	27	1	44	99	87	30	2	83
99	72	21	2	14	99	39	27	1	51	99	90	30	2	91

Long.	Larg.	Haut.	Mèt.	Cent.
99	93	30	2	99
99	96	30	3	07
99	99	30	3	14
99	33	33	1	51
99	36	33	1	59
99	39	33	1	67
99	42	33	1	75
99	45	33	1	83
99	48	33	1	92
99	51	33	2	02
99	54	33	2	10
99	57	33	2	18
99	60	33	2	26
99	63	33	2	34
99	66	33	2	41
99	69	33	2	49
99	72	33	2	56
99	75	33	2	63
99	78	33	2	70
99	81	33	2	78
99	84	33	2	86
99	87	33	2	94
99	90	33	3	01
99	93	33	3	09
99	96	33	3	17
99	99	33	3	26
99	36	36	1	67
99	39	36	1	75
99	42	36	1	83
99	45	36	1	92
99	48	36	2	
99	51	36	2	09
99	54	36	2	17
99	57	36	2	25
99	60	36	2	33
99	63	36	2	41
99	66	36	2	49
99	69	36	2	57
99	72	36	2	65
99	75	36	2	73

Long.	Larg.	Haut.	Mèt.	Cent.
99	78	36	2	81
99	81	36	2	89
99	84	36	2	98
99	87	36	3	06
99	90	36	3	14
99	93	36	3	22
99	96	36	3	30
99	99	36	3	38
99	39	39	1	83
99	42	39	1	91
99	45	39	1	99
99	48	39	2	08
99	51	39	2	17
99	54	39	2	26
99	57	39	2	35
99	60	39	2	44
99	63	39	2	52
99	66	39	2	60
99	69	39	2	68
99	72	39	2	76
99	75	39	2	84
99	78	39	2	92
99	81	39	3	01
99	84	39	3	10
99	87	39	3	19
99	90	39	3	27
99	93	39	3	34
99	96	39	3	42
99	99	39	3	50
99	42	42	1	99
99	45	42	2	08
99	48	42	2	17
99	51	42	2	26
99	54	42	2	35
99	57	42	2	44
99	60	42	2	53
99	63	42	2	62
99	66	42	2	71
99	69	42	2	80
99	72	42	2	89

Long.	Larg.	Haut.	Mèt.	Cent.
99	75	42	2	98
99	78	42	3	
99	81	42	3	09
99	84	42	3	18
99	87	42	3	27
99	90	42	3	36
99	93	42	3	45
99	96	42	3	53
99	99	42	3	62
99	45	45	2	17
99	48	45	2	26
99	51	45	2	35
99	54	45	2	44
99	57	45	2	53
99	60	45	2	62
99	63	45	2	71
99	66	45	2	80
99	69	45	2	89
99	72	45	2	98
99	75	45	3	07
99	78	45	3	12
99	81	45	3	22
99	84	45	3	31
99	87	45	3	40
99	90	45	3	49
99	93	45	3	58
99	96	45	3	66
99	99	45	3	74
99	48	48	2	35
99	51	48	2	44
99	54	48	2	53
99	57	48	2	62
99	60	48	2	71
99	63	48	2	80
99	66	48	2	89
99	69	48	2	98
99	72	48	3	07
99	75	48	3	16
99	78	48	3	24
99	81	48	3	33

Long.	Larg.	Haut.	Mèt.	Cent.
99	84	48	3	42
99	87	48	3	51
99	90	48	3	60
99	93	48	3	68
99	96	48	3	77
99	99	48	3	86
99	51	51	2	53
99	54	51	2	62
99	57	51	2	71
99	60	51	2	80
99	63	51	2	89
99	66	51	2	99
99	69	51	3	08
99	72	51	3	17
99	75	51	3	26
99	78	51	3	35
99	81	51	3	44
99	84	51	3	53
99	87	51	3	62
99	90	51	3	71
99	93	51	3	80
99	96	51	3	89
99	99	51	3	98
99	54	54	2	71
99	57	54	2	80
99	60	54	2	89
99	63	54	2	98
99	66	54	3	07
99	69	54	3	16
99	72	54	3	25
99	75	54	3	34
99	78	54	3	43
99	81	54	3	53
99	84	54	3	63
99	87	54	3	72
99	90	54	3	81
99	93	54	3	90
99	96	54	4	
99	99	54	4	09

Long.	Larg.	Haut.	Mèt.	Cent.
99	57	57	2	89
99	60	57	2	98
99	63	57	3	07
99	66	57	3	16
99	69	57	3	26
99	72	57	3	36
99	75	57	3	46
99	78	57	3	56
99	81	57	3	65
99	84	57	3	74
99	87	57	3	83
99	90	57	3	92
99	93	57	4	01
99	96	57	4	11
99	99	57	4	21
99	60	60	3	07
99	63	60	3	16
99	66	60	3	26
99	69	60	3	36
99	72	60	3	46
99	75	60	3	56
99	78	60	3	66
99	81	60	3	76
99	84	60	3	85
99	87	60	3	94
99	90	60	4	03
99	93	60	4	31
99	96	60	4	23
99	99	60	4	33
99	63	63	3	26
99	66	63	3	36
99	69	63	3	46
99	72	63	3	56
99	75	63	3	66
99	78	63	3	76
99	81	63	3	86
99	84	63	3	95
99	87	63	4	05
99	90	63	4	15
99	93	63	4	25

Long.	Larg.	Haut.	Mèt.	Cent.
99	96	63	4	35
99	99	63	4	45
99	66	66	3	46
99	69	66	3	56
99	72	66	3	67
99	75	66	3	78
99	78	66	3	88
99	81	66	3	98
99	84	66	4	08
99	87	66	4	18
99	90	66	4	27
99	93	66	4	37
99	96	66	4	47
99	99	66	4	57
99	69	69	3	67
99	72	69	3	77
99	75	69	3	87
99	78	69	3	97
99	81	69	4	07
99	84	69	4	18
99	87	69	4	28
99	90	69	4	38
99	93	69	4	48
99	96	69	4	58
99	99	69	4	69
99	72	72	3	87
99	75	72	3	98
99	78	72	4	09
99	81	72	4	19
99	84	72	4	29
99	87	72	4	40
99	90	72	4	50
99	93	72	4	60
99	96	72	4	70
99	99	72	4	81
99	75	75	4	09
99	78	75	4	19
99	81	75	4	29

Long.	Larg.	Haut.	Mèt.	Cent.	Long.	Larg.	Haut.	Mèt.	Cent.	Long.	Larg.	Haut.	Mèt.	Cent.
99	84	75	4	40	99	93	93	5	40					
99	87	75	4	51	99	96	93	5	52	102	9	9	0	39
99	90	75	4	62	99	99	93	5	64	102	12	9	0	45
99	93	75	4	73						102	15	9	0	52
99	96	75	4	83	99	96	96	5	64	102	18	9	0	59
99	99	75	4	93	99	99	96	5	76	102	21	9	0	66
										102	24	9	0	72
99	78	78	4	29	99	99	99	5	88	102	27	9	0	78
99	81	78	4	40						102	30	9	0	85
99	84	78	4	51	102	6	6	0	25	102	33	9	0	92
99	87	78	4	62	102	9	6	0	32	102	36	9	0	99
99	90	78	4	73	102	12	6	0	39	102	39	9	1	05
99	93	78	4	84	102	15	6	0	46	102	42	9	1	12
99	96	78	4	95	102	18	6	0	53	102	45	9	1	18
99	99	78	5	05	102	21	6	0	58	102	48	9	1	25
					102	24	6	0	64	102	51	9	1	31
99	81	81	4	51	102	27	6	0	70	102	54	9	1	38
99	84	81	4	62	102	30	6	0	77	102	57	9	1	44
99	87	81	4	73	102	33	6	0	84	102	60	9	1	50
99	90	81	4	84	102	36	6	0	90	102	63	9	1	57
99	93	81	4	95	102	39	6	0	97	102	66	9	1	64
99	96	81	5	05	102	42	6	1	04	102	69	9	1	71
99	99	81	5	16	102	45	6	1	10	102	72	9	1	78
					102	48	6	1	16	102	75	9	1	85
99	84	84	4	73	102	51	6	1	22	102	78	9	1	91
99	87	84	4	84	102	54	6	1	27	102	81	9	1	98
99	90	84	4	95	102	57	6	1	34	102	84	9	2	04
99	93	84	5	06	102	60	6	1	40	102	87	9	2	11
99	96	84	5	17	102	63	6	1	47	102	90	9	2	18
99	99	84	5	28	102	66	6	1	54	102	93	9	2	25
					102	69	6	1	61	102	96	9	2	31
99	87	87	4	95	102	72	6	1	68	102	99	9	2	37
99	90	87	5	06	102	75	6	1	75	102	102	9	2	44
99	93	87	5	17	102	78	6	1	82					
99	96	87	5	28	102	81	6	1	88	102	12	12	0	52
99	99	87	5	40	102	84	6	1	94	102	15	12	0	59
					102	87	6	2		102	18	12	0	66
99	90	90	5	17	102	90	6	2	07	102	21	12	0	73
99	93	90	5	28	102	93	6	2	14	102	24	12	0	80
99	96	90	5	40	102	96	6	2	20	102	27	12	0	87
99	99	90	5	52	102	99	6	2	26	102	30	12	0	94
					102	102	6	2	32	102	33	12	1	00

Long.	Larg.	Haut.	Mèt.	Cent.	Long.	Larg.	Haut.	Mèt.	Cent.	Long.	Larg.	Haut.	Mèt.	Cent.
102	36	12	1	06	102	69	15	1	92	102	21	21	0	96
102	39	12	1	12	102	72	15	1	99	102	24	21	1	02
102	42	12	1	19	102	75	15	2	06	102	27	21	1	09
102	45	12	1	26	102	78	15	2	12	102	30	21	1	16
102	48	12	1	33	102	81	15	2	20	102	33	21	1	23
102	51	12	1	40	102	84	15	2	28	102	36	21	1	30
102	54	12	1	47	102	87	15	2	36	102	39	21	1	38
102	57	12	1	54	102	90	15	2	42	102	42	21	1	46
102	60	12	1	61	102	93	15	2	50	102	45	21	1	53
102	63	12	1	68	102	96	15	2	56	102	48	21	1	60
102	66	12	1	75	102	99	15	2	62	102	51	21	1	67
102	69	12	1	82	102	102	15	2	69	102	54	21	1	75
102	72	12	1	88						102	57	21	1	82
102	75	12	1	95	102	18	18	0	80	102	60	21	1	90
102	78	12	2	02	102	21	18	0	88	102	63	21	1	97
102	81	12	2	09	102	24	18	0	96	102	66	21	2	04
102	84	12	2	16	102	27	18	1	04	102	69	21	2	12
102	87	12	2	22	102	30	18	1	10	102	72	21	2	20
102	90	12	2	29	102	33	18	1	16	102	75	21	2	27
102	93	12	2	36	102	36	18	1	23	102	78	21	2	34
102	96	12	2	43	102	39	18	1	30	102	81	21	2	41
102	99	12	2	50	102	42	18	1	38	102	84	21	2	48
102	102	12	2	57	102	45	18	1	46	102	87	21	2	56
					102	48	18	1	54	102	90	21	2	63
102	15	15	0	66	102	51	18	1	60	102	93	21	2	70
102	18	15	0	73	102	54	18	1	66	102	96	21	2	78
102	21	15	0	80	102	57	18	1	73	102	99	21	2	85
102	24	15	0	87	102	60	18	1	80	102	102	21	2	93
102	27	15	0	94	102	63	18	1	88					
102	30	15	1		102	66	18	1	96	102	24	24	1	09
102	33	15	1	07	102	69	18	2	03	102	27	24	1	16
102	36	15	1	14	102	72	18	2	10	102	30	24	1	24
102	39	15	1	21	102	75	18	2	16	102	33	24	1	31
102	42	15	1	28	102	78	18	2	23	102	36	24	1	38
102	45	15	1	35	102	81	18	2	30	102	39	24	1	46
102	48	15	1	42	102	84	18	2	38	102	42	24	1	54
102	51	15	1	50	102	87	18	2	46	102	45	24	1	62
102	54	15	1	57	102	90	18	2	54	102	48	24	1	70
102	57	15	1	64	102	93	18	2	62	102	51	24	1	77
102	60	15	1	71	102	96	18	2	69	102	54	24	1	84
102	63	15	1	78	102	99	18	2	75	102	57	24	1	92
102	66	15	1	85	102	102	18	2	81	102	60	24	2	00

Long.	Larg.	Haut.	Mét.	Cent.	Long.	Larg.	Haut.	Mét.	Cent.	Long.	Larg.	Haut.	Mét.	Cent.
102	63	24	2	07	102	30	30	1	40	102	81	33	2	86
102	66	24	2	15	102	33	30	1	48	102	84	33	2	95
102	69	24	2	23	102	36	30	1	56	102	87	33	3	04
102	72	24	2	30	102	39	30	1	64	102	90	33	3	13
102	75	24	2	38	102	42	30	1	72	102	93	33	3	20
102	78	24	2	45	102	45	30	1	79	102	96	33	3	28
102	81	24	2	52	102	48	30	1	87	102	99	33	3	35
102	84	24	2	60	102	51	30	1	95	102	102	33	3	42
102	87	24	2	68	102	54	30	2	03					
102	90	24	2	75	102	57	30	2	10	102	36	36	1	72
102	93	24	2	83	102	60	30	2	18	102	39	36	1	80
102	96	24	2	90	102	63	30	2	26	102	42	36	1	89
102	99	24	2	98	102	66	30	2	35	102	45	36	1	98
102	102	24	3	06	102	69	30	2	43	102	48	36	2	06
					102	72	30	2	51	102	51	36	2	15
102	27	27	1	24	102	75	30	2	59	102	54	36	2	22
102	30	27	1	32	102	78	30	2	67	102	57	36	2	31
102	33	27	1	40	102	81	30	2	74	102	60	36	2	39
102	36	27	1	48	102	84	30	2	82	102	63	36	2	47
102	39	27	1	55	102	87	30	2	89	102	66	36	2	55
102	42	27	1	63	102	90	30	2	97	102	69	36	2	63
102	45	27	1	70	102	93	30	3	05	102	72	36	2	72
102	48	27	1	78	102	96	30	3	13	102	75	36	2	80
102	51	27	1	86	102	99	30	3	21	102	78	36	2	88
102	54	27	1	93	102	102	30	3	30	102	81	36	2	97
102	57	27	2	01						102	84	36	3	02
102	60	27	2	09	102	33	33	1	56	102	87	36	3	10
102	63	27	2	17	102	36	33	1	64	102	90	36	3	19
102	66	27	2	24	102	39	33	1	72	102	93	36	3	28
102	69	27	2	32	102	42	33	1	80	102	96	36	3	36
102	72	27	2	40	102	45	33	1	88	102	99	36	3	45
102	75	27	2	48	102	48	33	1	96	102	102	36	3	55
102	78	27	2	56	102	51	33	2	05					
102	81	27	2	64	102	54	33	2	14	102	39	39	1	89
102	84	27	2	72	102	57	33	2	22	102	42	39	1	98
102	87	27	2	80	102	60	33	2	30	102	45	39	2	07
102	90	27	2	87	102	63	33	2	40	102	48	39	2	16
102	93	27	2	95	102	66	33	2	49	102	51	39	2	25
102	96	27	3	03	102	69	33	2	58	102	54	39	2	34
102	99	27	3	10	102	72	33	2	60	102	57	39	2	43
102	102	27	3	18	102	75	33	2	68	102	60	39	2	50
					102	78	33	2	78	102	63	39	2	57

Long.	Larg.	Haut.	Mèt.	Cent.
102	66	39	2	66
102	69	39	2	74
102	72	39	2	81
102	75	39	2	90
102	78	39	3	98
102	81	39	3	07
102	84	39	3	16
102	87	39	3	24
102	90	39	3	33
102	93	39	3	42
102	96	39	3	51
102	99	39	3	59
102	102	39	3	67
102	42	42	2	07
102	45	42	2	16
102	48	42	2	25
102	51	42	2	34
102	54	42	2	43
102	57	42	2	50
102	60	42	2	58
102	63	42	2	66
102	66	42	2	75
102	69	42	2	84
102	72	42	2	93
102	75	42	3	02
102	78	42	3	10
102	81	42	3	19
102	84	42	3	27
102	87	42	3	36
102	90	42	3	45
102	93	42	3	54
102	96	42	3	62
102	99	42	3	70
102	102	42	3	79
102	45	45	2	24
102	48	45	2	33
102	51	45	2	42
102	54	45	2	50
102	57	45	2	59
105	60	45	2	68

Long.	Larg.	Haut.	Mèt.	Cent.
102	63	45	2	77
102	66	45	2	86
102	69	45	2	95
102	72	45	3	04
102	75	45	3	13
102	78	45	3	21
102	81	45	3	30
102	84	45	3	39
102	87	45	3	48
102	90	45	3	56
102	93	45	3	65
102	96	45	3	74
102	99	45	3	82
102	102	45	3	91
102	48	48	2	42
102	51	48	2	50
102	54	48	2	59
102	57	48	2	68
102	60	48	2	77
102	63	48	2	86
102	66	48	2	95
102	69	48	3	04
102	72	48	3	12
102	75	48	3	21
102	78	48	3	30
102	81	48	3	40
102	84	48	3	49
102	87	48	3	58
102	90	48	3	67
102	93	48	3	72
102	96	48	3	82
102	99	48	3	93
102	102	48	4	04
102	51	51	2	59
102	54	51	2	68
102	57	51	2	77
102	60	51	2	86
102	63	51	2	96
102	66	51	3	06
102	69	51	3	15

Long.	Larg.	Haut.	Mèt.	Cent.
102	72	51	3	24
102	75	51	3	33
102	78	51	3	42
102	81	51	3	51
102	84	51	3	61
102	87	51	3	70
102	90	51	3	79
102	93	51	3	88
102	96	51	3	97
102	99	51	4	06
102	102	51	4	16
102	54	54	2	77
102	57	54	2	86
102	60	54	2	95
102	63	54	3	04
102	66	54	3	14
102	69	54	3	24
102	72	54	3	34
102	75	54	3	44
102	78	54	3	53
102	81	54	3	62
102	84	54	3	71
102	87	54	3	80
102	90	54	3	89
102	93	54	3	98
102	96	54	4	08
102	99	54	4	18
102	102	54	4	28
102	57	57	2	95
102	60	57	3	04
102	63	57	3	14
102	66	57	3	24
102	69	57	3	34
102	72	57	3	44
102	75	57	3	54
102	78	57	3	64
102	81	57	3	73
102	84	57	3	82
102	87	57	3	91
102	90	57	4	00

Long.	Larg.	Haut.	Mèt.	Cent.
102	93	57	4	10
102	96	57	4	20
102	99	57	4	30
102	102	57	4	40
102	60	60	3	14
102	63	60	3	24
102	66	60	3	34
102	69	60	3	44
102	72	60	3	54
102	75	60	3	64
102	78	60	3	74
102	81	60	3	84
102	84	60	3	93
102	87	60	4	02
102	90	60	4	12
102	93	60	4	22
102	96	60	4	32
102	99	60	4	42
102	102	60	4	52
102	63	63	3	34
102	66	63	3	44
102	69	63	3	54
102	72	63	3	64
102	75	63	3	74
102	78	63	3	84
102	81	63	3	94
102	84	63	4	05
102	87	63	4	15
102	90	63	4	25
102	93	63	4	35
102	96	63	4	45
102	99	63	4	55
102	102	63	4	65
102	66	66	3	54
102	69	66	3	64
102	72	66	3	74
102	75	66	3	85
102	78	66	3	95
102	81	66	4	05

Long.	Larg.	Haut.	Mèt.	Cent.
102	84	66	4	16
102	87	66	4	26
102	90	66	4	36
102	93	66	4	46
102	96	66	4	56
102	99	66	4	66
102	102	66	4	77
102	69	69	3	74
102	72	69	3	85
102	75	69	3	96
102	78	69	4	07
102	81	69	4	18
102	84	69	4	28
102	87	69	4	38
102	90	69	4	48
102	93	69	4	58
102	96	69	4	68
102	99	69	4	78
102	102	69	4	89
102	72	72	3	96
102	75	72	4	07
102	78	72	4	18
102	81	72	4	29
102	84	72	4	39
102	87	72	4	49
102	90	72	4	60
102	93	72	4	71
102	96	72	4	81
102	99	72	4	91
102	102	72	5	01
102	75	75	4	18
102	78	75	4	29
102	81	75	4	40
102	84	75	4	51
102	87	75	4	61
102	90	75	4	72
102	93	75	4	83
102	96	75	4	94
102	99	75	5	04

Long.	Larg.	Haut.	Mèt.	Cent.
102	102	75	5	14
102	78	78	4	40
102	81	78	4	51
102	84	78	4	62
102	87	78	4	73
102	90	78	4	83
102	93	78	4	94
102	96	78	5	05
102	99	78	5	15
102	102	78	5	26
102	81	81	4	62
102	84	81	4	73
102	87	81	4	84
102	90	81	4	94
102	93	81	5	05
102	96	81	5	16
102	99	81	5	27
102	102	81	5	38
102	84	84	4	84
102	87	84	4	94
102	90	84	5	04
102	93	84	5	13
102	96	84	5	24
102	99	84	5	35
102	102	84	5	46
102	87	87	5	04
102	90	87	5	15
102	93	87	5	29
102	96	87	5	40
102	99	87	5	52
102	102	87	5	63
102	90	90	5	29
102	93	90	5	41
102	96	90	5	53
102	99	90	5	64
102	102	90	5	75

Long.	Larg.	Haut.	Mét.	Cent.	Long.	Larg.	Haut.	Mét.	Cent.	Long.	Larg.	Haut.	Mét.	Cent.
102	93	93	5	53	102	96	96	5	76	102	99	99	5	99
102	96	93	5	65	102	99	96	5	87	102	102	99	6	12
102	99	93	5	76	102	102	96	5	99					
102	102	93	5	87						102	102	102	6	24

Long.	Larg.	Haut.	Mét.	Cent.	Long.	Larg.	Haut.	Mét.	Cent.	Long.	Larg.	Haut.	Mét.	Cent.
110	10	10	0	46						110	100	80	5	56
110	20	10	0	70	110	40	40	2	08					
110	30	10	0	94	110	50	40	2	38	110	90	90	5	58
110	40	10	1	18	110	60	40	2	68	110	100	90	5	98
110	50	10	1	42	110	70	40	2	98					
110	60	10	1	66	110	80	40	3	28	110	100	100	6	40
110	70	10	1	90	110	90	40	3	58					
110	80	10	2	14	110	100	40	3	88	120	10	10	0	50
110	90	10	2	38						120	20	10	0	76
110	100	10	2	62	110	50	50	2	70	120	30	10	1	02
					110	60	50	3	02	120	40	10	1	28
110	20	20	0	96	110	70	50	3	34	120	50	10	1	54
110	30	20	1	22	110	80	50	3	66	120	60	10	1	80
110	40	20	1	48	110	90	50	3	99	120	70	10	2	06
110	50	20	1	74	110	100	50	4	32	120	80	10	2	32
110	60	20	2							120	90	10	2	58
110	70	20	2	26	110	60	60	3	36	120	100	10	2	84
110	80	20	2	52	110	70	60	3	70					
110	90	20	2	78	110	80	60	4	04	120	20	20	1	04
110	100	20	3	04	110	90	60	4	38	120	30	20	1	32
					110	100	60	4	72	120	40	20	1	60
110	30	30	1	50						120	50	20	1	88
110	40	30	1	78	110	70	70	4	06	120	60	20	2	16
110	50	30	2	06	110	80	70	4	42	120	70	20	2	44
110	60	30	2	34	110	90	70	4	78	120	80	20	2	72
110	70	30	2	62	110	100	70	5	14	120	90	20	3	
110	80	30	2	90						120	100	20	3	28
110	90	30	2	18	110	80	80	4	80					
110	100	30	2	46	110	90	80	5	18	120	30	30	1	62

Long.	Larg.	Haut.	Mét.	Cent.
120	40	30	1	92
120	50	30	2	22
120	60	30	2	52
120	70	30	2	82
120	80	30	3	12
120	90	30	3	42
120	100	30	3	72
120	40	40	2	24
120	50	40	2	56
120	60	40	2	88
120	70	40	3	20
120	80	40	3	52
120	90	40	3	84
120	100	40	4	16
120	50	50	2	90
120	60	50	3	24
120	70	50	3	58
120	80	50	3	92
120	90	50	4	26
120	100	50	4	60
120	60	60	3	58
120	70	60	3	96
120	80	60	4	34
120	90	60	4	72
120	100	60	5	10
120	70	70	4	34
120	80	70	4	72
120	90	70	5	10
120	100	70	5	48
120	80	80	5	12
120	90	80	5	52
120	100	80	5	92
120	90	90	5	94
120	100	90	6	36
120	100	100	6	80

Long.	Larg.	Haut.	Mét.	Cent.
130	10	10	0	54
130	20	10	0	82
130	30	10	1	10
130	40	10	1	38
130	50	10	1	66
130	60	10	1	94
130	70	10	2	22
130	80	10	2	50
130	90	10	2	78
130	100	10	3	06
130	20	20	1	12
130	30	20	1	42
130	40	20	1	72
130	50	20	2	02
130	60	20	2	32
130	70	20	2	62
130	80	20	2	92
130	90	20	3	22
130	100	20	3	52
130	30	30	I	74
130	40	30	2	06
130	50	30	2	38
130	60	30	2	70
130	70	30	3	02
130	80	30	3	34
130	90	30	3	66
130	100	30	3	98
130	40	40	2	40
130	50	40	2	74
130	60	40	3	08
130	70	40	3	42
130	80	40	3	76
130	90	40	4	10
130	100	40	4	44
130	50	50	3	10
130	60	50	3	46
130	70	50	3	82

Long.	Larg.	Haut.	Mét.	Cent.
130	80	50	4	18
130	90	50	4	54
130	100	50	4	90
130	60	60	3	84
130	70	60	4	22
130	80	60	4	60
130	90	60	4	98
130	100	60	5	36
130	70	70	4	62
130	80	70	5	02
130	90	70	5	42
130	100	70	5	82
130	80	80	5	44
130	90	80	5	86
130	100	80	6	28
130	90	90	6	30
130	100	90	6	74
130	100	100	7	20
140	10	10	0	58
140	20	10	0	88
140	30	10	1	18
140	40	10	1	48
140	50	10	1	78
140	60	10	2	08
140	70	10	2	38
140	80	10	2	68
140	90	10	2	98
140	100	10	3	28
140	20	20	1	20
140	30	20	1	52
140	40	20	1	84
140	50	20	2	16
140	60	20	2	48
140	70	20	2	80
140	80	20	3	12

Long.	Larg.	Haut.	Mèt.	Cent.	Long.	Larg.	Haut.	Mèt.	Cent.	Long.	Larg.	Haut.	Mèt.	Cent.
140	90	20	3	44	140	90	90	6	66					
140	100	20	3	76	140	100	90	7	12	150	50	50	3	50
										150	60	50	3	90
140	30	30	1	86	140	100	100	7	60	150	70	50	4	30
140	40	30	2	20						150	80	50	4	70
140	50	30	2	54	150	10	10	0	62	150	90	50	5	10
140	60	30	2	88	150	20	10	0	94	150	100	50	5	50
140	70	30	3	22	150	30	10	1	26					
140	80	30	3	56	150	40	10	1	58	150	60	60	4	32
140	90	30	3	90	150	50	10	1	90	150	70	60	4	74
140	100	30	4	24	150	60	10	2	22	150	80	60	5	16
					150	70	10	2	54	150	90	60	5	58
140	40	40	2	56	150	80	10	2	86	150	100	60	6	00
140	50	40	2	92	150	90	10	3	18					
140	60	40	3	28	150	100	10	3	50	150	70	70	5	18
140	70	40	3	64						150	80	70	5	62
140	80	40	4		150	20	20	1	28	150	90	70	6	06
140	90	40	4	36	150	30	20	1	62	150	100	70	6	50
140	100	40	4	72	150	40	20	1	96					
					150	50	20	2	30	150	80	80	6	08
140	50	50	3	30	150	60	20	2	64	150	90	80	6	54
140	60	50	3	68	150	70	20	2	98	150	100	80	7	00
140	70	50	4	06	150	80	20	3	32					
140	80	50	4	44	150	90	20	3	66	150	90	90	7	02
140	90	50	4	82	150	100	20	4		150	100	90	7	60
140	100	50	5	20										
					150	30	30	1	98	150	100	100	8	00
140	60	60	4	08	150	40	30	2	34					
140	70	60	4	48	150	50	30	2	70	160	10	10	0	66
140	80	60	4	88	150	60	30	3	06	160	20	10	1	00
140	90	60	5	28	150	70	30	3	42	160	30	10	1	34
140	100	60	5	68	150	80	30	3	78	160	40	10	1	68
					150	90	30	4	14	160	50	10	2	02
140	70	70	4	90	150	100	30	4	50	160	60	10	2	36
140	80	70	5	32						160	70	10	2	70
140	90	70	5	74	150	40	40	2	72	160	80	10	3	04
140	100	70	6	16	150	50	40	3	10	160	90	10	3	38
					150	60	40	3	48	160	100	10	3	72
140	80	80	5	76	150	70	40	3	86					
140	90	80	6	20	150	80	40	4	24	160	20	20	1	36
140	100	80	6	64	150	90	40	4	62	160	30	20	1	72
					150	100	40	5		160	40	20	2	08

Long.	Larg.	Haut.	Mèt.	Cent.
160	50	20	2	44
160	60	20	2	80
160	70	20	3	16
160	80	20	3	52
160	90	20	3	88
160	100	20	4	24
160	30	30	2	10
160	40	30	2	48
160	50	30	2	86
160	60	30	3	24
160	70	30	3	62
160	80	30	4	
160	90	30	4	38
160	100	30	4	76
160	40	40	2	88
160	50	40	3	28
160	60	40	3	68
160	70	40	4	08
160	80	40	4	48
160	90	40	4	88
160	100	40	5	28
160	50	50	3	70
160	60	50	4	12
160	70	50	4	54
160	80	50	4	96
160	90	50	5	38
160	100	50	5	80
160	60	60	4	56
160	70	60	5	
160	80	60	5	44
160	90	60	5	88
160	100	60	6	32
160	70	70	5	46
160	80	70	5	92
160	90	70	6	36
160	100	70	6	84

Long.	Larg.	Haut.	Mèt.	Cent.
160	80	80	6	40
160	90	80	6	88
160	100	80	7	36
160	90	90	7	38
160	100	90	7	88
160	100	100	8	40
170	10	10	0	70
170	20	10	1	06
170	30	10	1	42
170	40	10	1	78
170	50	10	2	14
170	60	10	2	50
170	70	10	2	86
170	80	10	3	22
170	90	10	3	58
170	100	10	3	94
170	20	20	1	44
170	30	20	1	82
170	40	20	2	20
170	50	20	2	58
170	60	20	2	96
170	70	20	3	34
170	80	20	3	72
170	90	20	4	10
170	100	20	4	48
170	30	30	2	22
170	40	30	2	62
170	50	30	3	02
170	60	30	3	42
170	70	30	3	82
170	80	30	4	22
170	90	30	4	62
170	100	30	5	02
170	40	40	3	04
170	50	40	3	46
170	60	40	3	88

Long.	Larg.	Haut.	Mèt.	Cent.
170	70	40	4	30
170	80	40	4	72
170	90	40	5	14
170	100	40	5	58
170	50	50	3	90
170	60	50	4	34
170	70	50	4	78
170	80	50	5	22
170	90	50	5	66
170	100	50	6	10
170	60	60	4	80
170	70	60	5	26
170	80	60	5	72
170	90	60	6	18
170	100	60	6	64
170	70	70	5	74
170	80	70	6	22
170	90	70	6	70
170	100	70	7	18
170	80	80	6	72
170	90	80	7	22
170	100	80	7	72
170	90	90	7	74
170	100	90	8	26
170	100	100	8	80
180	10	10	0	74
180	20	10	1	12
180	30	10	1	50
180	40	10	1	88
180	50	10	2	26
180	60	10	2	64
180	70	10	3	02
180	80	10	3	40
180	90	10	3	78
180	100	10	4	16

Long.	Larg.	Haut.	Mét.	Cent.	Long.	Larg.	Haut.	Mét.	Cent.	Long.	Larg.	Haut.	Mét.	Cent.
					180	80	70	6	52					
180	20	20	1	52	180	90	70	7	02	190	40	40	3	36
180	30	20	1	92	180	100	70	7	52	190	50	40	3	82
180	40	20	2	32						190	60	40	4	28
180	50	20	2	72	180	80	80	7	04	190	70	40	4	74
180	60	20	3	12	180	90	80	7	56	190	80	40	5	20
180	70	20	3	52	180	100	80	8	08	190	90	40	5	66
180	80	20	3	92						190	100	40	6	12
180	90	20	4	32	180	90	90	8	10					
180	100	20	4	72	180	100	90	8	64	190	50	50	4	30
										190	60	50	4	78
180	30	30	2	34	180	100	100	9	20	190	70	50	5	26
180	40	30	2	76						190	80	50	5	74
180	50	30	3	18	190	10	10	0	78	190	90	50	6	22
180	60	30	3	60	190	20	10	1	18	190	100	50	6	70
180	70	30	4	02	190	30	10	1	58					
180	80	30	4	44	190	40	10	1	98	190	60	60	5	28
180	90	30	4	86	190	50	10	2	38	190	70	60	5	78
180	100	30	5	28	190	60	10	2	78	190	80	60	6	28
					190	70	10	3	18	190	90	60	6	78
180	40	40	3	20	190	80	10	3	58	190	100	60	7	28
180	50	40	3	64	190	90	10	3	98					
180	60	40	4	08	190	100	10	4	38	190	70	70	6	30
180	70	40	4	52						190	80	70	6	82
180	80	40	4	96	190	20	20	1	60	190	90	70	7	34
180	90	40	5	40	190	30	20	2	02	190	100	70	7	86
180	100	40	5	84	190	40	20	2	44					
					190	50	20	2	86	190	80	80	7	36
180	50	50	4	10	190	60	20	3	28	190	90	80	7	90
180	60	50	4	56	190	70	20	3	70	190	100	80	8	44
180	70	50	5	02	190	80	20	4	12					
180	80	50	5	48	190	90	20	4	54	190	90	90	8	46
180	90	50	5	94	190	100	20	4	96	190	100	90	9	02
180	100	50	6	40										
					190	30	30	2	46	190	100	100	9	60
180	60	60	5	04	190	40	30	2	90					
180	70	60	5	52	190	50	30	3	34	200	10	10	0	82
180	80	60	6		190	60	30	3	78	200	20	10	1	24
180	90	60	6	48	190	70	30	4	22	200	30	10	1	66
180	100	60	6	96	190	80	30	4	66	200	40	10	2	08
					190	90	30	5	10	200	50	10	2	50
180	70	70	6	02	190	100	30	5	54	200	60	10	2	92

Long.	Larg.	Haut.	Mét.	Cent.
200	70	10	3	34
200	80	10	3	76
200	90	10	4	18
200	100	10	4	60
200	20	20	1	68
200	30	20	2	12
200	40	20	2	56
200	50	20	3	
200	60	20	3	44
200	70	20	3	88
200	80	20	4	32
200	90	20	4	76
200	100	20	5	20
200	30	30	2	58
200	40	30	3	04
200	50	30	3	50
200	60	30	3	96
200	70	30	4	42

Long.	Larg.	Haut.	Mét.	Cent.
200	80	30	4	88
200	90	30	5	34
200	100	30	5	80
200	40	40	3	52
200	50	40	4	00
200	60	40	4	48
200	70	40	4	96
200	80	40	5	44
200	90	40	5	92
200	100	40	6	40
200	50	50	4	50
200	60	50	5	00
200	70	50	5	50
200	80	50	6	00
200	90	50	6	50
200	100	50	7	00
200	60	60	5	52

Long.	Larg.	Haut.	Mét.	Cent.
200	70	60	6	04
200	80	60	6	56
200	90	60	7	08
200	100	60	7	60
200	70	70	6	58
200	80	70	7	12
200	90	70	7	66
200	100	70	8	20
200	80	80	7	68
200	90	80	8	24
200	100	80	8	80
200	90	90	8	82
200	100	90	9	40
200	100	100	10	00

Imp. H. Storck, Lyon.

www.ingramcontent.com/pod-product-compliance
Ingram Content Group UK Ltd.
Pitfield, Milton Keynes, MK11 3LW, UK
UKHW031945260826
14628UKWH00004B/1855

9 782014 019940

SEDIR

LES SEPT JARDINS MYSTIQUES

1918

AU COMITÉ CENTRAL DES CONFÉRENCES
SEDIR, A PARIS, 31, RUE DE SEINE (VIe)

SEDIR

LES SEPT JARDINS MYSTIQUES

Pour la vente, en raison des circonstances actuelles, prière d'envoyer un mandat-poste de Trois francs au Comité Central des Conférences Sedir, 31, rue de Seine, Paris, VIe.

J'offre ces notes aux Amis, afin qu'en les lisant ils prennent le goût des études attentives, pour ensuite parvenir à l'ignorance omnisciente des Pauvres en esprit!

LES SEPT JARDINS MYSTIQUES

Vous éprouvez le besoin, mes Amis, de vous rendre compte avec précision du degré spirituel où vous êtes parvenus. Je vais donc essayer de vous construire un système dans les compartiments duquel vous vous placerez. Car votre désir est légitime ; et si j'ai différé longtemps d'y satisfaire, c'est parce que j'espérais vous maintenir dans cet état d'unité simple où la seule ardeur de servir Jésus fond ensemble et sublimise toutes les actions, toutes les pensées, les repentirs, les élans et les fatigues.

A la minute surhumaine où vous fîtes au Maître le don de vos personnes, vous connûtes cette unité. Il n'est pas surprenant que vous n'ayez pu vous y maintenir. Mais ne perdez pas courage : nous nous hausserons ensemble à nouveau, Amis très chers, car si Dieu me le permet, je ne vous quitterai pas, soit que vous montiez, soit que vous descendiez.

Toutefois, gardez-vous d'ériger en idoles les analyses, les classifications, les règlements; ne prenez pas les moyens pour les buts. Scolastiques, ésotérismes, expériences de psycho-physiologie, ce sont des instruments de travail et non le travail lui-même. Comme le répète volontiers l'un d'entre nous, ce n'est pas en lisant des manuels de gymnastique qu'on devient un athlète, c'est en faisant travailler ses muscles. La seule lecture de Directoires d'ascétisme ne vous élèvera pas à la sainteté.

Ce que je vais vous dire, ce n'est que la bonne tenue des outils sur l'établi; de vous seuls dépend que vous deveniez d'habiles compagnons, drus à l'ouvrage et durs à la fatigue.

Plusieurs ont autrefois médité avec l'arhat dans la cellule blanche, devant la vieille image de bois doré; d'autres ont déchiffré les antiques hiérogrammes, d'autres ont lu Cassien, et Terese d'Avila, et Jean de la Croix et le suave évêque de Genève. Vous avez vu des flammes, des rochers, des châteaux ; or, c'est la Lumière d'où sortent ces flammes qu'il faut chercher; non pas la Lumière qui leur est commune, mais celle qui brillait antérieurement et qui, à la fin, envahira l'univers ; c'est la montagne où s'étagent les rochers qu'il faut gravir; c'est la maison perdurable, dont les châteaux ne sont que les copies, où je vous invite à entrer.

Le peuple de la Lumière comprend toutes les créatures; toutes naquirent enfants de Dieu ; mais la plupart sont devenues des enfants prodigues. Cependant, même ceux-ci marchent malgré tout et sans le savoir vers la maison paternelle ; le monde est un labyrinthe dont les sentiers les plus tortueux conduisent invinciblement au Centre. Et les voyageurs ne se distinguent que par la hâte ou l'indolence, la rectitude ou les détours de leur course. Ils sont en tout cas responsables du moindre retard.

Beaucoup des enfants du Père vagabondent dans Ses campagnes en quête de malfaisance; c'est l'énorme troupeau dont vous êtes appelés à devenir les chiens vigilants, fidèles à la seule parole de l'unique Pasteur.

C'est pour eux que sont vos exemples, vos fatigues, vos tendresses et vos larmes implorantes.

Mais il y a aussi les enfants sages. C'est la minorité que cherchent à instruire les prêtres, les moralistes et les ascètes. Ils ont admirablement analysé les phénomènes de la vie intérieure, les nuances de la sensibilité contemplative, et ils ont établi leurs Manuels sur ces diagnostics. Je crois le classement des états de la volonté pour l'action plus vrai, plus réel que celui des états psychiques pour la contemplation.

Voici quelles images, ou plutôt quels faits spirituels je propose à votre étude.

*
* *

Le Maître est bien le seigneur d'un château merveilleux; le Ciel est bien l'éblouissante lumière animant toute flamme, et la voie étroite escalade bien les rochers de la montagne mystique. Mais le Verbe Se nomme d'abord le Dieu de la Vie; Son action sur le monde consiste à y multiplier la vie; le travail essentiel de Ses serviteurs, c'est une agriculture spirituelle. De la sorte, quiconque se soucie pratiquement des choses divines est un jardinier.

Il vous sera facile, mes Amis, de pousser les détails de ce symbolisme ; nos laboureurs ne font que reproduire sur la glèbe terrestre les soins que prennent les anges des champs de leur Maître, car rien n'existe ici qui ne soit d'abord là-haut.

Disons donc qu'il y a sept jardins dans l'enclos du Bon Pasteur ; ils se succèdent en occupant, hélas, un nombre d'ouvriers de plus en plus petit, tandis qu'augmente en sens inverse la difficulté du travail et sa complexité. Ces enclos dépendent les uns des autres, du premier au dernier : et la beauté de chacun d'eux se ressent de l'état de tous les autres. Aussi, le plus infime des tâcherons doit-il se souvenir sans cesse que la moindre de ses négligences compromet l'œuvre entière ; telle faiblesse que je me permets ici rendra peut-être un crime possible à l'autre bout du monde ou empêchera peut-être au siècle prochain l'éclosion d'un chef-d'œuvre.

*
* *

Dans la première enceinte se trouve la foule qui s'attache seulement aux formes extérieures de la religion.

Dans la seconde se tiennent ceux qui ne prient que lorsqu'un besoin urgent les aiguillonne.

Chez les habitants de la troisième enceinte le désir de la perfection est né.

Ceux de la quatrième ont pris des résolutions enthousiastes de servir Dieu.

Mais ceux de la cinquième savent être complètementattentifs à ne plus se permettre la moindre faute.

Les travailleurs du sixième jardin sont toujours prêts à tous les sacrifices.

Et enfin ceux du septième sont les pauvres véritables, débarrassés de tout souc d'eux-mêmes.

Vous le savez, mes Amis, ce ne sont pas nos actes que pèse le juste Juge, mais nos mobiles; nous nous classons de nous-mêmes dans l'un ou l'autre de ces jardins selon la qualité de l'amour qui nous incite et en second lieu selon nos œuvres. L'amour qu'on peut ressentir pour Dieu ou pour le prochain demeure un fantôme si on ne lui donne vie par des actes. Et nos œuvres les plus charitables sont mortes si l'Amour ne les anime.

Prenez donc garde à l'écueil où se heurtent presque toutes les barques. L'immense majorité des spiritualistes sont des imaginatifs et des utopistes chez qui le sens du réel s'émousse ou la volonté s'anémie. Ils se promènent dans leurs rêves en exhalant des soupirs; et quand leurs négligences leur amènent des échecs, ils se couchent en gémissant : « Que faire ? Je ne suis rien ; le Ciel le veut ainsi. » Ils souffriraient n'importe quoi plutôt que de déranger leur paresse.

Nous sommes tous un peu répréhensibles sur ce point, mes Amis; souvenons-nous en; souvenons-nous du vers de La Fontaine :

Aide-toi, le Ciel t'aidera.

Souvenons-nous du verset de l'Évangile :

Les violents s'emparent du royaume des Cieux.

* * *

La foule du peuple chrétien ne l'est que de nom ; ils vont à l'église parce que c'est la coutume et pour faire comme tout le monde; mais ils ne pensent jamais à Dieu ni aux pauvres; leurs préoccupatio s ne se dirigent que vers le temporel.

Il faut les sortir de cette inertie sans les contraindre; Dieu ne prend que les cœurs qui se donnent. Il faut parler à ces gens, mais avec une bienveillance patiente; il faut leur laisser comprendre qu'on doit offrir à Dieu un peu plus que la demi-heure de messe dominicale trop souvent remplie de médisantes vanités; il faut leur faire entrevoir que la privation volontaire d'un plaisir au bénéfice de quelque affligé plaît davantage à Dieu qu'une assistance distraite à un office. Il faut surtout leur offrir le bon exemple, un exemple allègre et souriant. Il faut par-dessus tout intercéder pour eux, présenter pour eux des sacrifices, jeûner spirituellement, et quelquefois corporellement.

C'est là notre travail principal, mes Amis.

Dès que vous les voyez se mettre un peu à l'ouvrage, apprenez-leur la précision dans l'effort; qu'ils notent chaque soir leur fautes de la journée; qu'ils comparent les jours, les semaines et les mois; qu'ils s'astreignent dans le moral à toute la rigueur des entraînements de l'athlète professionnel. L'égoïsme se dérobe avec tant de souplesse, il regimbe au frein avec tant de violence que le néophyte n'emploiera jamais trop de fermeté minutieuse pour le réduire.

*
* *

Les ouvriers du second jardin ressentent le désir de prier; ils en prennent le goût; mais leur prière n'est souvent que de la pieuse rêverie et ils négligent parfois d'agir. Ils n'accordent pas assez d'importance aux petites fautes. Or, qui n'est pas fidèle dans les petites choses ne le sera pas dans les grandes.

Le travail, dans ce jardin et dans le suivant, consiste à sculpter en soi-même une image, la plus ressemblante possible à la forme du Verbe qu'on y aperçoit. Au quatrième jardin seulement descend l'éclair de la grâce et s'anime la statue. Il faut donc suivre l'exemple de la Nature qui bâtit les montagnes géantes avec des milliards de particules qu'elle agrège le long des siècles par un labeur infini de constance et de régularité.

C'est pourquoi les commençants préciseront leur discipline : discipline des heures, au moyen d'un emploi du temps ; discipline morale, par des examens de conscience minutieux, par une lutte sévère contre le défaut principal, par des aumônes, par la suppression de diverses superfluités dans la nourriture, le vêtement, le confort ; discipline du mental par l'usage quotidien de la méditation.

En outre des prières du matin et du soir, il faudra entretenir avec Dieu un commerce d'intimité. La ferveur est tiède à cette période et l'attention superficielle. Amener le mental à une fixité satisfaisante en concentrant ses forces, prendre une conscience plus nette des besoins intimes, préparer des actes plus substantiels, tel est le but de la méditation.

L'ésotérisme a résolu le problème par des entraînements scientifiques progressifs ; obtenir une santé corporelle parfaite, puis un équilibre harmonieux de l'organisme magnétique, puis une maîtrise des perceptions intellectuelles, puis un contrôle en soi du principe pensant, telle est la marche qui permet aux Orientaux d'atteindre au monoidéïsme précurseur de l'extase. J'ai expliqué ailleurs en quoi cette méthode est illusoire et dangereuse.

La méthode de l'Évangile est inverse ; elle ne s'occupe que d'exalter le centre de l'être, la racine de la volonté ; vous la connaissez ; je vous la rappellerai d'ailleurs en terminant ces pages.

Entre ces deux méthodes extrêmes, la théologie catholique en a instauré une mixte, qui cherche non plus à régiminer les forces physiques et hyperphysiques, mais à émouvoir le cœur par le moyen de l'intelligence. Vous reconnaîtrez là l'influence de la philosophie d'Aristote, fille du rationalisme hindou et inspiratrice de la scolastique.

Remarquez ceci ; l'intellectualisme exclusif enferme l'homme dans un paysage clos, bien que peuplé de formes belles et pures ; pour atteindre Dieu, le mystique doit sortir de la logique ; les énigmes essentielles : l'Absolu et le Relatif, la divinité de Jésus, la conquête du Royaume, se résolvent seulement par une perception supra-intellectuelle ;

dès lors, on voit que les disciplines cérébrales restent dans l'ascétisme un moyen, et ne doivent jamais être prises pour un but.

Mais ce moyen est puissant ; il faut l'employer avec calme, méthode et persévérance ; il faut y consacrer tout le temps utile, quitte à retrancher sur d'autres occupations moins fructueuses.

Les directeurs de conscience les plus graves conseillent, si l'heure presse le matin, de poursuivre la méditation au cours des travaux du jour, durant les minutes de délassement qui les séparent. Ceci est affaire de zèle et d'initiative personnelle. Celui qui brûle du désir de Dieu ne craindra pas de prendre sur son sommeil. Mais je ne conseille pas de penser à Dieu ou de Le prier en même temps qu'on travaille ; l'une et l'autre chose seraient mal faites ; l'avenir est encore loin où il nous deviendra possible de mener deux besognes simultanément.

Chaque ordre religieux suit une méthode particulière pour la méditation ; celle que je vous indique ici s'adapte plus spécialement aux conditions incommodes de la vie que vous menez, parmi les exigences multiples de vos devoirs familiaux, sociaux et professionnels.

Ingéniez-vous à réserver une demi-heure le matin pour cet exercice ; mais si votre santé ou vos charges vous empêchent, sachez bien que votre progrès dépend d'abord de la profondeur et du nombre des sacrifices offerts à Dieu pour le prochain. En tout cas, ne consacrez jamais plus d'une heure à ce colloque silencieux.

MÉTHODE DE MÉDITATION

1° Se mettre en la présence de Dieu. Il est partout ; spécialement Son Fils unique, le Verbe Jésus, est là, me voit, m'attend, et dirige sur mon cœur le souffle ineffable de l'Esprit. Je les adore tous trois, j'implore leur aide, leur pardon.

2° Je fixe ma pensée sur un mystère, sur une vertu qui me manque, un défaut à guérir — ou mieux encore sur une des scènes de l'Évangile. Je porte mes réflexions sur cette vérité, cette vertu ou ce défaut ; je recherche leur nature, leur mode, leur influence, leurs conséquences. Ou bien je me représente Jésus, dans la scène choisie. D'ailleurs cette scène existe toujours dans la Lumière ; mon esprit peut l'y retrouver, si je sais m'émouvoir par une ferveur croissante de la compassion à l'admiration, puis à l'adoration.

3° Quand mon cœur attendri s'élancera vers l'objet qu'il désire, je ferai un retour sur moi-même, considérant mon infériorité, ma misère, les vacillements de ma volonté ; dénombrant tout ce qui me manque pour atteindre l'idéal entrevu dans l'instant.

4° Et puis je me tournerai vers Jésus, mon ami, mon unique véritable ami ; je Lui rappellerai qu'Il a promis d'exaucer qui L'implore ; je L'adjurerai par Ses souffrances : « Toi qui as eu faim, aide-moi contre ma gourmandise ; ... toi, Seigneur universel, qui as obéi aux plus ignobles valets, sauve-moi de ma vanité ; ... » Je Lui demanderai qu'Il me rende meilleur, uniquement afin que je Le serve mieux. Et je redemanderai la même chose à Sa Mère, la Vierge intercédante.

5° Enfin j'examinerai si mes élans sont purs, s'il ne s'y mêle point quelqu'amour-propre.

6° Puis je prendrai une résolution ferme et calme de faire telle chose, ou d'éviter telle autre, qui aient du rapport avec le sujet sur lequel j'ai médité. Et je me dirai bien que, si même je manque vingt fois le jour à ma résolution, je la reprendrai une vingt-et-unième fois avec le même calme et la même énergie.

7° De plus, le jour où cet exercice m'ennuiera, je le prolongerai de cinq minutes, afin de bien réduire la paresse.

*
* *

Si vous avez à vous occuper de quelqu'un de ces gens du deuxième jardin, donnez-leur l'habitude de penser souvent à Dieu; par exemple, chaque fois que l'heure sonne, de lui adresser un court et fervent souvenir.

En outre, traitez-les avec une affectueuse sympathie; compatissez avec douceur à leurs doléances; selon la maxime de l'apôtre Paul, soyez « tout à tous »; en même temps, fermes dans la direction, que vos conseils restent pratiques et portent sur des points précis; ne craignez pas d'entrer dans le détail.

*
* *

Dans le troisième Jardin travaillent ceux qui ont pris une résolution définitive de servir Dieu.

Ils suivent une discipline plus rigoureuse; la suppression des paroles et des soins inutiles, comme les visites mondaines, les spectacles de simple amusement, un choix plus sévère de lectures, le brisement systématique de leurs préférences ou de leurs commodités dans les plus petits détails : tel sera leur ascétisme.

Ils auront avantage à concentrer l'examen de conscience pendant chaque mois sur un point spécial : la pauvreté, l'humilité, la bienfaisance, l'amour-propre, le recueillement intérieur, la manière de prier, l'obéissance, le travail, l'attention, l'allégresse intime, la douceur, l'indulgence, par exemple — ou telles autres vertus qu'ils jugeront à propos de choisir.

Au lieu de n'adorer le Père que lorsque l'horloge sonne, ils Lui redonneront leur cœur et leur être tout entier, chaque fois que leur travail leur laissera quelques secondes de répit.

Leur état d'âme peut être suave ou aride.

Quand vous vous trouverez dans ce dernier cas, mes Amis, soyez généreux ; ne vous marchandez pas à Jésus ; s'Il paraît vous quitter dans les régions conscientes de votre esprit, c'est qu'Il se tient au plus près du tabernacle même où brille Sa Lumière perpétuelle. Laissez-Le user de vous comme Il l'entend; Il n'a jamais en vue que votre plus grand bien. La patience, fille de l'abandon, est plus forte que la révolte. Un seul arbre porte tous les fruits spirituels, c'est l'arbre de la Croix. Attachez-vous, accrochez-vous à Jésus, étreignez-Le dans Sa Passion où Il a enduré tout ce que vous endurerez jamais; que votre moi meure avec Lui, et il ressuscitera avec Lui, par le baptême de l'Esprit, à la fontaine du dernier Jardin.

La méditation vous deviendra difficile; le cœur aimant davantage, le cerveau raisonnera moins aisément ; inutile de l'y contraindre. Contentez-vous de parler à Dieu avec tendresse; dites-vous qu'Il est là; racontez-vous à Lui, avec vos inquiétudes et vos espoirs, vos joies et vos lassitudes, vos besoins et surtout les besoins de ceux qui viennent à vous. Repassez tout ce que Jésus a fait pour vous, Ses immenses travaux et les délicatesses infinies de Son amour; et aimez-Le de toutes vos forces pour tout cela.

Ici à peu près se termine ce que les auteurs catholiques nomment la vie purgative ; la vie contemplative commence.

*
* *

Le quatrième Jardin est le plus important ; sa mise en valeur demande de nombreux ouvriers ; la plupart y restent toute leur vie. Ce sont cependant de bons travailleurs, durs à la fatigue et qui n'épargnent plus leurs peines. Le désir de plaire à Dieu a surmonté dans leur cœur le souci de leur salut personnel. Mais leur zèle est plus ardent que pur. Ce sont souvent des individus remarquables : orateurs, écrivains, administrateurs, fondateurs d'œuvres, ils attirent les regards du public et deviennent parfois célèbres.

Ils restent attachés à ce Jardin parce qu'ils s'attachent eux-mêmes à leurs propres talents. Quiconque veut le Ciel n'y monte sans arrêt qu'à la condition de prendre toujours le contre-pied de ses tendances, de ses instincts, de ses facultés. Ceci paraît à la sagesse humaine une folie, je le sais ; cependant c'est la maxime formelle de l'Évangile.

Dieu aime ces bons ouvriers; cherchant par tous les moyens à les éclairer sur leur valeur réelle, Il les soumet aux dures épreuves de la nuit des sens et de la nuit mentale.

Dans la première, le goût des choses divines s'affadit; les suavités célestes ne parviennent plus au centre affectif; dans la seconde, c'est la mémoire qui oublie Dieu, le jugement à qui les hautes pensées deviennent étrangères. On ne se sent plus rattaché à Dieu que par une foi nue; on sait que Dieu est là, mais sans émotion, comme on sait un axiome de géométrie. On veut demeurer avec lui, mais sans ardeur, comme on veut un devoir ingrat.

De plus, des tentations se surajoutent à ce double dévêtement; des convoitises oubliées, disparues, émergent plus puissantes qu'autrefois; ou bien le savoir perd son attrait; les puissances intellectuelles s'endorment ou se heurtent à des problèmes insolubles; ou bien encore on devient indifférent à tout, morne, incapable de déplaisir ou de joie, de crainte ou d'espérance.

Et le patient est martelé, forgé, cuit et recuit, pendant des années quelquefois. Il ne peut qu'attendre, immobile et silencieux ; chaque geste resserre la gêne ; chaque cri ne fait qu'approfondir la solitude ; rien ne subsiste plus en lui que le vouloir accroché en Dieu par un contact presque imperceptible ; et la seule parole qu'il puisse murmurer, c'est : Jésus, Jésus !

Je connais des disciples qui subissent depuis dix et quinze ans cet affinage ; mais ils brilleront comme des astres au Ciel mystique de l'humanité, parce que leurs souffrances sont profondes, inconnues et silencieuses.

On peut aussi, par intervalles, recevoir des visions, des révélations, exercer tels pouvoirs miraculeux. Je ne mentionne ces incidents que pour vous en rappeler l'importance très secondaire.

*
* *

Le cinquième jardin représente à peu près ce que les docteurs nomment la vie unitive.

La renonciation s'est étendue des plaisirs jusqu'aux peines ; les travailleurs ne s'affectent plus de leurs échecs possibles ;

pourvu qu'ils apportent un soulagement à la souffrance du prochain, ils se tiennent pour satisfaits. Aussi leur énergie prend-elle un caractère de sérénité plus qu'humaine. Ils savent conserver la véritable solitude, la solitude intérieure au milieu du tracas des affaires ; leur humilité ressemble à celle des anges parce qu'ils expérimentent constamment l'action divine en eux comme autour d'eux.

Leurs désirs, leur raison, leur vouloir ne se contredisent plus ; aussi obtiennent-ils, même dans le temporel, les plus grands résultats par les moyens les plus simples. Dieu les aide d'autant plus qu'ils se tiennent toujours prêts à l'abandon de leurs mérites en faveur des retardataires. Et par la pureté de l'intention, qui toujours vise le Royaume, les œuvres de ces hommes portent des fruits aussi bien dans le présent que dans l'avenir. Car, si aujourd'hui tel artiste enfante un chef-d'œuvre, tel penseur élabore un monument auguste de science ou de philosophie, tel prince crée un état social bienfaisant à la multitude, ce sont, plus qu'on ne l'imagine, les souffrances inconnues de quelque pauvre de Dieu qui ont évoqué antérieurement, par une conjuration irrésistible, l'ange de cette beauté nouvelle, le génie de cette idée, le dieu de cette organisation nationale.

Pour travailler au cinquième jardin, il faut accomplir à la perfection tous ses devoirs, s'installer dans une prière continue, tout subir avec une patience inaltérable, demander à Jésus un travail nouveau dès que le précédent est terminé, et avoir reçu de Lui la paix surnaturelle.

Cette paix représente le premier souffle de l'Esprit ; peu à peu Il entrera en vous, amis de l'Ami ; Il assainira les chambres du temple, Il formera, en amont de votre entendement, une image des Cieux que vous contemplerez dans une pénombre translucide et qui vous procurera les certitudes évidentes.

Vous entrerez dans la voyance surintellectuelle ; que vous receviez les séraphiques ravissements ; que ce soit la seule pointe de votre volonté qui se repose en Dieu, tandis que tout le reste de votre être se débat dans le souci des affaires ; que l'ivresse des extases enlève votre corps malgré vous ; que votre esprit se concentre sur un mystère dont il expérimente la réalité sans en percevoir aucune image ni en former aucune démonstration logique : il n'importe. Ce n'est plus à vous de choisir les termes de vos entretiens avec Dieu. Votre initiateur, c'est l'Esprit.

C'est Lui qui vous donnera la Vérité ; soit par une impression indéfinissable quoiqu'invincible ; soit par une adhésion volontaire et libre dont Il vous procure le moyen ; soit par une perception, ni sensible, ni mentale, mais directe et immédiate ; soit par cette extraordinaire intuition face à face (*I Cor. XIII, 12*) où le Consolateur présente au Jardinier une peinture de l'Absolu faite spécialement pour lui.

Vous priez le Père, alors, par une adhérence de votre cœur, qui se portera en haut ou en dedans de toutes les notions conscientes, par delà le toujours, le jamais, le nulle part et l'ailleurs et l'ici.

Conservant à travers toutes les occupations la touche de la divine présence, vous n'aurez plus à méditer ; vos prières seront simples et libres puisque c'est l'Esprit qui priera en vous ; vos distractions plus rares, comme les rides du vent d'été sur la surface des eaux, s'éteindront d'elles-mêmes dans la profondeur radieuse de l'Amour.

Les desseins du Père, les douleurs d'autrui, les ténèbres à éclairer : voilà désormais vos seules inquiétudes. Vous pourrez donner l'or matériel et vos forces humaines, mais aussi votre or spirituel et vos collaborateurs angéliques. Vous apprendrez à ne plus vouloir que ce que Dieu veut, même dans les entreprises qui paraissent bonnes au premier examen. Vous ne demanderez plus rien à personne qu'à Dieu ; vous ne refuserez plus jamais rien à Dieu ni à ses créatures.

Un tel état vous paraît inaccessible? — Que non pas ; un assez grand nombre y parviennent et ce n'est d'ailleurs que le dernier rang de la hiérarchie des serviteurs fidèles.

*
* *

Pour entrer au sixième jardin, outre la maîtrise des travaux du cinquième, il faut encore subir une troisième descente aux enfers, une troisième mort intérieure, une troisième nuit, celle du centre volitif.

La volonté se localise en plusieurs lieux de la personne humaine : dans le corps fluidique, dans le double, dans le centre passionnel, dans la pensée ; mais dans le spirituel se tient sa racine, la racine de l'individualité, la notion du « Je » central et du « Moi » centrifuge. Cette racine doit être purifiée du ferment de l'égoïsme tout en gardant sa propriété individualisante. Or, elle n'est rien autre qu'une réflexion de l'étincelle du Verbe sur le miroir de la conscience.

La nuit du sixième jardin, c'est donc un voile opaque jeté sur la splendeur de cette étincelle. Le patient se trouve semblable à un spectateur qui n'apercevrait plus, dans l'univers, que la bataille des intérêts, des convoitises, des forces ; rien autre que des chiffres et des épures, que de froides combinaisons mathématiques ; plus de charme, ni de grâce, ni de beauté superflue ; rien qu'une immense machine impitoyable ; rien que l'impassible Justice. Ses fautes, son impuissance, son incapacité générale, son incompréhension terrifient le pauvre de Dieu ; nul ne peut imaginer sans les avoir subies les tortures consumantes de ces terribles dénudements.

Terese d'Avila y est demeurée dix-huit ans, le P. Surin, onze ans, César de Bus, vingt-cinq ans. — Le plus incompréhensible, c'est la fidélité perpétuelle de ces serviteurs.

Suspendus aux parois de l'abîme, ils gardent leur foi, leurs vertus éminentes, leur extérieur de calme et d'entrain. La solitude intime, approfondie par l'impossibilité de se confier à qui que ce soit, développe la possession de soi-même et la faculté de conduire simultanément deux occupations différentes. La physiologie se transforme ; tel qui était lymphatique s'équilibre en nerveux ; les formes du corps, du visage, la démarche, le geste, l'écriture, le parler changent, tellement est profonde la lutte contre les instincts et les passions. Le Christ vient, et comme le *Magnificat* raconte qu'Il a, dans le social et dans le cosmique, exalté les faibles et renversé les puissants, Il bouleverse tout l'être de ces serviteurs et y opère une réorganisation équivalente à une naissance nouvelle. Plus donc cette nuit se prolonge, plus magnifique éclate l'aurore et plus riches en sont les promesses.

Les Anges visitent souvent ces éprouvés ; ils ouvrent leurs yeux aux extases et accomplissent leurs prières en miracles admirables; car l'humilité s'approfondit dans cette ténèbre en même temps que l'Amour s'y épure. Mais ceci n'est pas une règle; il se peut qu'aucun don ne console les pénitents, que rien d'extraordinaire n'arrive; aussi, pour ce jardin comme pour tous les autres, les seules marques du degré acquis sont la pureté du vouloir et l'ardeur d'agir.

*
* *

C'est pourquoi il existe un septième jardin. Dans le sixième, un désir personnel subsiste encore, un seul : celui d'atteindre le sommet de la montagne; les travailleurs ont conscience de leur état; ils savent où ils en sont et c'est cela qui leur barre la nudité parfaite du Pauvre en esprit.

Aussi leur faut-il subir un dernier affinage. Vous pouvez vous le représenter ainsi.

Les anges allumeront dans votre cœur un amour tellement ardent que si ce transport durait plus de quelques minutes, vous mourriez. Ce sont les premiers symptômes de l'union transformante, de cette transsubstantiation psychique de la personne humaine en la personne divine. Là s'applique l'anagogie du *Cantique des Cantiques* ; ce sont les noces spirituelles, avec leurs divers modes; les trois personnes divines descendront successivement et opéreront en vous une triple transmutation, qui est la renaissance véritable dont Jésus parle à Nicodème. Dieu ouvre ses trésors au Jardinier, dont Il exauce à l'avance toutes les demandes. L'homme a si bien obéi et si longtemps que désormais, à son tour, Dieu prendra plaisir à lui tout accorder. Par une faveur singulière, il se tient en équilibre sur la frontière du Relatif et de l'Absolu ; lui seul a le droit de dire de lui-même : « Je suis le dernier, je ne suis rien, je ne puis rien », car il peut sortir dans le temps ou rentrer dans l'éternel selon qu'il le juge bon. C'est un homme libre. Indifférent à son propre sort, il n'a plus souci que de répandre le Bien, dût-il subir pour ces ensemencements des siècles de souffrances. La terre porte toujours au moins un de ces êtres pour enrayer sa corruption. Mais personne n'est capable de les apercevoir, sauf ceux qui suivent la même route; c'est pourquoi toute parole est vaine à leur sujet et je ne prétends ici à rien de plus qu'à rendre témoignage de ces mystères.

*
* *

J'ai voulu résumer pour vous, mes Amis, en quelques pages, les centaines de volumes de la théologie mystique, dont beaucoup sont l'œuvre d'intelligences magistrales et de saints. J'ai voulu en même temps approfondir et agrandir leurs descriptions.

J'invite ceux d'entre vous qui en possèdent les moyens à refaire mes enquêtes; mais qu'ils poussent leur analyse à fond; l'ignorance vaut mieux qu'une demi-science. Et comme, en définitive, toute pensée n'est jamais qu'un commentaire à la parole de Jésus, pour conclure, revenons ensemble à l'Évangile.

Au lieu de suivre ce détail infini d'états d'âme, de variétés d'oraisons, d'examens de conscience, de pratiques dévotes, qui, avec les commentaires d'un directeur sage, constituent l'école la plus savante de la vie spirituelle —je veux dire la mystique catholique

—, venez, mes Amis, chacun, tels que vous êtes, et placez-vous tout droit en face de Jésus.

Rassemblez vos forces, prenez votre souffle, considérez les obstacles, les aides qui vous attendent, l'importance, la grandeur, l'essentialité du résultat. Considérez que vous êtes sortis de la foule piétinante ; l'inquiétude des choses divines bat des ailes en vous. Rappelez à votre cœur le mot que Pascal attribue à Jésus : « Tu ne me chercherais pas si tu ne m'avais trouvé ». Puis relisez l'Évangile.

Vous y découvrirez d'abord que les visions, les extases, les miracles sont des grâces gratuites qui ne sauraient en rien signifier nos progrès ou nous en obtenir.

Puis, vous y verrez que tous les commandements, tous les conseils, toutes les maximes se résument dans la seule ordonnance d'aimer le prochain pour l'amour de Dieu ; que telle est la synthèse de toutes les volontés providentielles, le moyen de tous les perfectionnements, la clé de tous les mystères.

Vous y verrez enfin que Jésus nomme Son ami celui-là seul qui fait Sa volonté, celui dont l'amour va jusqu'à donner sa vie pour les autres.

Pourquoi chercheriez-vous autre chose? Voilà le chemin; c'est la voie étroite, certes, mais si blanche, si claire, et la plus courte. Est-il donc tellement impossible de se dire une bonne fois, une fois pour toutes : « A « partir de la présente minute, je me donne à « Jésus ; je me donne tout entier ; je suis tout « à Lui ; je ne m'occupe plus que de Son ser- « vice ; tout ce que je faisais jusqu'à présent, « tous ces devoirs, tous ces travaux qui conti- « nueront d'être mes devoirs et mes travaux, « je ne les accomplirai plus ni pour leurs béné- « fices, ni pour l'amour de personne que de « Jésus. Je n'accepterai l'amour de personne « que comme un don du Père ; je n'aimerai « personne qu'en Dieu, comme une œuvre de « Dieu. Je sais que le Père est avec moi ; je ne « m'inquiéterai plus de mon sort, ni dans le « terrestre, ni dans l'Invisible, ni dans l'Eter- « nité. J'abandonnerai aux autres tout ce que « je gagne dans le matériel et dans le spirituel. « Est-ce que le Père ne tirera pas sans cesse « de nouvelles choses de son trésor? Que me « fait l'enfer? Et le Paradis, n'est-ce pas de « travailler pour Dieu? Et puis-je être heu- « reux si je sens qu'une seule créature souffre

« encore au loin? Et le Ciel n'a-t-Il pas pro-
« mis, si je fais Sa volonté, l'exaucement de
« toutes mes demandes » ?

Ces vues ne vous semblent-elles pas toutes simples, mes Amis? Les plus ignorants peuvent les appréhender; elles épuisent la science des plus savants, l'idéal des plus artistes, l'ambition des plus volontaires; elles comblent les désirs des plus aimants.

Faites-les donc vôtres; prononcez-les; engagez-vous au service du grand Semeur; enrôlez-vous dans la compagnie du grand Soldat. Et non l'année prochaine, ni demain : à l'instant même. Qui n'avance pas recule; entrez dans ces guérets ; toutes les richesses de votre nature y trouveront leur épanouissement. Il vous faudra tour à tour la tendresse du petit frère d'Assise, la sérénité de Marc-Aurèle, une volonté napoléonienne, l'ardente candeur du Curé d'Ars, la pensée profonde d'un Pascal, la parole charmante de Verlaine, l'active compassion d'un Vincent de Paul, la beauté d'un Giotto.

Enlevez-vous d'un coup d'ailes au-dessus de ce monde et de tous les mondes; posez-vous sur les parvis éternels, et de là, contemplez le vide des mobiles humains. Quels spectacles, mes Amis, quand on regarde l'univers des terrasses de la Sagesse divine; quelles immenses activités, quels miracles, quels éblouissements, quelles joies!

Mais vous seuls devez vous décide , vous seuls pouvez voir vos routes, choisir la béatitude immédiate de la présence divine, ou bien les désillusions perpétuellement renaissantes de la vie commune. Plutôt non, ce motif serait un raffinement d'égoïsme. Considérez plutôt que le Père vous offre le pouvoir d'amoindrir la souffrance universelle. Interrogez-vous. Aurez-vous le courage de refuser, par crainte, ce privilège divin? Supporterez-vous que, quelque part dans le vaste monde, une seule créature souffre, parce que vous n'aurez pas voulu lui apporter le baume?

Saisissez donc la charrue, mes Amis, jusqu'à la fin du labour. Quelles que soient vos peines ensuite, je vous proteste que jamais vous ne regretterez votre enthousiasme original.

TABLE DES MATIÈRES

QUELQUES OUVRAGES DU MÊME AUTEUR

En distribution pour propagande au siège du Comité :

Le Devoir spiritualiste, br. in-16, 6e mille.................... 0 fr. 50
La Vraie Religion, br. in-16, 5e mille.................... 0 fr. 10

Chez Georges Crès, 116, boulevard Saint-Germain, Paris, VIe.

Le Martyre de la Pologne, br. in-8°.......................... 0 fr. 60

Chez A.-M. Beaudelot, 36, rue du Bac, Paris, VIe :

La Guerre actuelle selon le point de vue mystique, in-8, 3e édition.................... 2 fr.
Les Forces Mystiques et la Conduite de la Vie, in-8, 3e édition.................... 4 fr.
Initiations, Contes pour les Petits Enfants, in-8, 2e édition..... 5 fr.
Conférences sur l'Évangile, Trois vol. in-8, 2e édition.......... 15 fr.
Etc., etc.

ACHEVÉ D'IMPRIMER

le 13 Août 1918.

MACON, PROTAT FRÈRES, IMPRIMEURS

www.ingramcontent.com/pod-product-compliance
Ingram Content Group UK Ltd.
Pitfield, Milton Keynes, MK11 3LW, UK
UKHW032012260826
14628UKWH00005B/2442

9 782019 694654